SERVIR Y DAR
PORTALES A LA CONCIENCIA SUPERIOR

OTROS LIBROS DE JOHN-ROGER, D.C.E.

Abundancia y Conciencia Superior
Amando cada Día
Amando cada Día para los que Hacen la Paz
Amor Viviente del Corazón Espiritual
Baraka
Caminando con el Señor
¿Cuándo Regresas a Casa? (con Pauli Sanderson)
Dios es tu Socio
Drogas
El Alucinante Viaje Espiritual (con el Dr. Michael McBay,
versión actualizada del libro *Drogas*)
El Camino de Salida
El Cristo Interno y los Discípulos del Cristo
El Guerrero Espiritual
El Sendero a la Maestría
El Sexo, el Espíritu y Tú
El Tao del Espíritu
Esencia Divina (versión ampliada del libro *Baraka*)
La Conciencia del Alma
La Familia Espiritual
La Fuente de tu Poder
La Promesa Espiritual
Manual para el Uso de la Luz
Mundos Internos de la Meditación
Pasaje al Espíritu
Perdonar: La Llave del Reino
Posesiones, Proyecciones y Entidades
Protección Psíquica (Versión actualizada del libro
Posesiones, Proyecciones y Entidades)
Relaciones - Amor, Matrimonio y Espíritu (versión actualizada)
Sabiduría Sin Tiempo, Vol. 1
Viajes Durante los Sueños (versión ampliada)

OTROS LIBROS DE JOHN-ROGER
con PAUL KAYE

¿Cómo se Siente ser Tú?
El Descanso Pleno
Momentum: Dejar que el Amor Guíe

©Copyright 2010 por
Peace Theological Seminary and College of Philosophy

Traducción por Magali Sánchez Ballesteros
Corrección por Jorge Augusto Villa Yepes
Coordinación y revisión final por Nora Valenzuela

Todos los derechos reservados, inclusive el derecho de
reproducción total y/o parcial por cualquier medio

Mandeville Press
P.O. Box 513935
Los Angeles, CA 90051-1935 (EE.UU.)
Teléfono: (323) 737-4055 (EE.UU.)
jrbooks@mandevillepress.org
www.mandevillepress.org

Impreso en los Estados Unidos de Norteamérica
ISBN 978-1-935492-11-5

Fotografía del Dr. Jsu García
Diseño conjunto de Shelley Noble y el Dr. Jsu García

SERVIR Y DAR
PORTALES A LA CONCIENCIA SUPERIOR

JOHN-ROGER, D.C.E.
CON PAUL KAYE, D.C.E.

Mandeville Press

ÍNDICE

Introducción — 9

Primera Parte — 11
Una Vida Dedicada al Servicio y a Dar

Segunda Parte — 34
Servir y Darse a Uno Mismo

Tercera Parte — 59
Servir y Dar a los Demás

Cuarta Parte — 91
Servir y Dar a Dios

Quinta Parte — 123
Servir y Dar al Amor

Sexta Parte — 154
Herramientas para los Generosos

Glosario — 175

Agradecimientos — 185

Todos podemos ser grandes…
porque cualquiera puede servir.
No necesitas tener un grado universitario para servir.
No debes hacer concordar el sujeto
con el predicado para ayudar.
Sólo necesitas un corazón lleno de gracia.
Un alma generada por el amor.

MARTIN LUTHER KING JR

Cuando ayudas, piensas que la vida es débil.
Cuando reparas, piensas que la vida está destrozada,
Cuando sirves, consideras la vida completa,
Reparar y ayudar podrían ser obra del ego;
el servicio, obra del alma.

RACHEL NAOMI REMEN

¿Si te arrestaran por ser amable,
tendrían suficientes pruebas como
para declararte culpable?

AUTOR DESCONOCIDO

INTRODUCCIÓN

En nuestra cultura, estamos más condicionados a tomar que a dar. Por cada 'Madre Teresa' que se hace famosa por dar, hay cientos de "héroes" que se hacen famosos por tomar, enriqueciéndose, recibiendo premios, batiendo récords, siendo electos. Incluso, el idioma inglés afirma que "tomamos a alguien en matrimonio", en vez de decir que "nos entregamos en matrimonio".

Dar, entonces, pudiera sentirse como algo incómodo—incluso raro y fuera de lugar—en una sociedad en la que consumir es más importante que tener compasión, adquirir, más importante que legar, y acumular, más importante que hacer servicio. Sí, obtener también es importante para los que dan, pero primordialmente, porque así tendrán más para dar. Las personas altruistas, por lo general, ocultan su verdadera naturaleza amorosa y cariñosa y su capacidad de compartir.

Este libro trata de cómo sentirse bien cuando se dedica buena parte de la vida a dar, a hacer servicio y a ser considerado. Éste no es un libro para cualquier persona; está dirigido únicamente a aquellos que sienten esa vocación. Si tus aspiraciones tienen más que ver con *hacer algo por alguien* que con *obtener algo de alguien*, no estás solo. Tampoco éso te convierte en un ser extraño, raro o poco común. Eres simplemente una persona generosa y el "premio" que obtienes es la posibilidad de dar más. Y si ese acto generoso, amoroso y servicial puede ser realizado sin condiciones, tendrás la bendición de ascender a una conciencia más elevada.

Si en algún momento, mientras estás leyendo este libro, piensas en alguien que se alegraría al recibir una llamada telefónica tuya, una pequeña nota escrita o hasta un mensaje de texto, o si hay algo que puedas hacer que beneficie a otro, por favor, deja este libro a un lado y *llama, ve* o *haz*.

Con ese fin, este libro consta de capítulos cortos que permiten que lo puedas dejar de leer fácilmente. Así que, hazlo a un lado con frecuencia, para que realmente puedas dar y servir lo más a menudo posible, y experimentes lo que es dar y servir en la práctica.

Lo que puedas aprender del dar surgirá en el acto mismo de dar y de servir y no leyendo sobre el tema. Las palabras de este libro tienen el propósito de inspirarte, motivarte y alentarte, a fin de que puedas dar incluso más de la forma en que estás acostumbrado a dar, y también que puedas dar de maneras en que nunca has dado antes.

Cuando estés dando, pon atención a lo que recibes. Y si hay algo en este libro con lo que no estés de acuerdo, acepta que así sea y sigue adelante. Algunas cosas no son para todo el mundo. Toma lo que te sirva.

Y, si nunca terminas de leer este libro, ojalá que sea porque te dedicaste a dar, amar y servir.

PRIMERA PARTE:
Una Vida Dedicada al Servicio y a Dar

"El sentido de la vida es servir y demostrar compasión y voluntad de ayudar a los demás".

ALBERT SCHWEITZER

EL SENTIDO DE TU VIDA

No sé cuál es tu destino, pero sí sé una cosa: los únicos que podrán ser felices de verdad son aquellos que habrán buscado y encontrado cómo servir a los demás.

ALBERT SCHWEITZER

Muchas de las personas que se acercan a mí, me preguntan cómo pueden aprender a recibir. Pero, en realidad, lo que quieren saber es de qué manera pueden dar desinteresadamente, porque cuando damos libremente y sin poner condiciones, creamos automáticamente un espacio para recibir dentro de nosotros.

El sentido de la vida es simplemente vivir. La pregunta que surge entonces es, ¿*cómo* vas a vivirla?

Si, cuando examinas el propósito de tu vida, te vienen a la mente palabras y conceptos como 'servicio', 'compartir', 'compasión', 'amor', 'empatía', o 'consideración', es probable que no te vayas a sentir completamente satisfecho hasta que no dediques una buena parte de tu vida a dar y a hacer servicio.

"Cuando las personas están sirviendo", escribió John Gardner, "la vida deja de sentirse vacía". Cuando damos, por último, tenemos mayores probabilidades de experimentar que nuestra vida sí tiene sentido y que la estamos viviendo *con un propósito*.

A veces, *encontramos* nuestra vida al *perderla* entregándonos al servicio de otros.

COMIENZA POR SER UN POCO MÁS AMABLE

> *Me avergüenza un poco haberme dedicado durante toda mi vida a los problemas del ser humano y descubrir al final que no tenemos otra cosa que ofrecer a modo de consejo que: "Trata de ser un poco más amable".*
>
> ALDOUS HUXLEY

La conclusión a la que han llegado muchas grandes mentes y corazones, después de toda una vida de investigación y estudio, es que un simple acto de bondad puede ser una de las acciones más profundas que un ser humano pueda realizar.

Hablar con palabras bondadosas es parte de eso. Lo que decimos y la forma en que lo decimos puede ser un aspecto importante en el acto de dar. Nuestra elección de palabras y el tono de voz pueden calmar, alentar, aliviar o inspirar.

En la Biblia, en Proverbios 16:23, se señala: "El corazón del sabio hace prudente su boca...".

Incluso la crítica se puede entregar de una manera positiva. He visto a una actriz famosa por su atractivo físico, que es amiga mía, acercarse a un extraño y decirle al oído: "Eres demasiado sexy para estar fumando", luego sonreírle y seguir su camino. Si yo fumara, encontraría en ese gesto un incentivo mucho mayor para dejar de fumar que si alguien me aleccionara sobre lo *perjudicial* que es fumar.

A veces, unas pocas palabras de ánimo dejadas en una contestadora telefónica o una nota de apoyo escrita en una tarjeta postal toman sólo un minuto o dos de nuestro tiempo, pero pueden significar horas e incluso días de estímulo para los demás.

Las palabras son poderosas. Tú eres poderoso. Dar es poderoso. Imagínate lo poderoso que puede ser el apoyo cuando estos tres elementos se combinan..

PREDESTINADO A DAR Y A SERVIR

El hombre que vive sólo para sí mismo es un fracasado. Incluso aunque haya acumulado grandes riquezas, alcanzado una alta posición y tenga poder, sigue siendo un fracasado. El hombre que vive para otros logra el verdadero éxito. Un hombre rico que consagra todas sus riquezas y su posición al bien de la humanidad es un éxito.

Un hombre pobre que entrega su servicio ha alcanzado el éxito verdadero, aunque no consiga nunca abundancia material ni reciba honores externos.

NORMAN VINCENT PEALE

Mientras estemos vivos, nuestro servicio no concluye. Estamos predestinados a prestar servicio. Aunque no hagas ninguna cosa más, cada vez que espiras le prestas un servicio al reino vegetal.

Los animales inhalan el oxígeno y exhalan dióxido de carbono. Las plantas absorben dióxido de carbono y producen oxígeno. Este mutuo dar y recibir entre los reinos animal y vegetal es uno de los procesos fundamentales de la vida.

Damos, porque de lo contrario morimos. Cada vez que exhalamos, le entregamos dióxido de carbono a las plantas y la planta a la que le llegue primero, lo aprovecha. Quizás nunca recibamos nada directamente de esa planta; de hecho, ni siquiera llegaremos a saber cuál fue la planta que lo recibió.

Sin embargo, si por alguna razón quisieras retener tu dióxido de carbono y te negaras a dárselo a las plantas y dejaras de respirar, muy pronto te dolería tanto que te darías por vencido y terminarías dando. Es más, aunque pudieras soportar el dolor, finalmente te desmayarías. Entonces, las plantas recibirían tu regalo indefectiblemente.

Es inútil.

Estamos predestinados a dar.

SEMBRANDO SEMILLAS DE BONDAD

Por cada acción se produce una reacción proporcional en sentido contrario. Si quieres recibir en abundancia, debes empezar por dar mucho. Si todos entregaran de sí a todos los que pudieran, en donde pudieran y de la manera que pudieran, a la larga serían recompensados en proporción directa a lo que hubieran dado.

R.A. HAYWARD

Las personas que siembran semillas de bondad gozan de una cosecha perenne. Una de las cosas más difíciles de regalar es amabilidad y, por lo general, ésta se te devuelve.

Los hindúes y la mayoría de las religiones orientales lo llaman karma: lo que haces, inevitablemente retorna a ti.

La versión cristiana la expresó Pablo: "Porque todo lo que el hombre sembrare, eso también segará "; [Gálatas 6:7].

En el "vulgo", la misma idea se conoce como: "El que a hierro mata, a hierro muere".

Esta idea es tan universal y atemporal, que me atrevo a colocarla en la categoría de "Verdad".

Entonces, si "cosechas lo que siembras" es una respuesta, la pregunta sería: "¿Qué tipo de cosecha te gustaría obtener?".

EL CORAJE DE DAR

El aspecto mejor de la vida de un hombre bueno
son sus pequeños, anónimos y olvidados actos
de bondad y de amor.

WILLIAM WORDSWORTH

La palabra 'coraje' viene del francés *"coeur"*, que significa *corazón*. Necesitamos de gran coraje (o corazón) para dar. El servicio no es para los débiles de corazón.

Dar es la cosa más fácil dentro de las más difíciles que nos tocará hacer.

Cuando das, debes estar dispuesto a afrontar el rechazo y la incomprensión, sin mencionar el miedo al rechazo y el miedo a ser mal interpretado, y el sufrimiento por ser rechazado y el sufrimiento por no ser comprendido, y la rabia que oculta el miedo, y la rabia que descargamos contra nosotros mismos; y la rabia y la sensación de que no valemos nada, que a veces sentimos cuando nuestro regalo no se considera digno.

Además de sufrimiento, debemos estar dispuestos a sentir dicha. Tolstoi (que rima con la palabra "joy"[1]—pero no muy a menudo) dice: "La alegría puede ser real únicamente si las personas consideran que su vida es un acto de servicio, y tienen una meta de vida definida que no las incluye y es independiente de su felicidad a nivel personal".

Llegamos a esta vida y se nos da mucho: alimentos, un idioma, amor, un entorno, toda la sabiduría acumulada de la humanidad—especialmente la Internet, 'YouTube' y los reproductores de DVD.

Las generaciones venideras apreciarán lo que hemos hecho, igual como nosotros apreciamos lo que otros—que partieron hace tiempo—llevaron a cabo. No hay manera de devolver el favor a nuestros antecesores, pero podemos legarlo al futuro.

---

[1]*N. del T.: La palabra "joy" en inglés significa "dicha".*

CUMPLE CON TU DEBER

Unas cien veces al día me recuerdo a mí mismo que, tanto mi vida interior como exterior, dependen de la laboriosidad de otros seres humanos—vivos y muertos—, y que debo hacer todo lo que esté a mi alcance para dar en la misma medida en que he recibido y sigo recibiendo.

ALBERT EINSTEIN

Algunos consideran que hacer algo por los demás es un deber, que es nuestra obligación hacia todo ser viviente en este mundo intrincado e interdependiente.

Si tú sirves con un sentido del deber, está bien que simultáneamente lo pases bien. De hecho, es muy recomendable que así sea.

LA LUZ

Todo tiene alguna grieta – así es como entra la luz.

LEONARD COHEN

La Luz es un concepto que se puede encontrar en todas las religiones, en la mayoría de las filosofías y en varias de las ciencias (la física cuántica se basa en ella). En palabras simples, luz es la energía que impregna todas las cosas. En un contexto espiritual, nos referimos a ella como "la Luz".

Esta Luz responde al pensamiento humano y, más importante aún, a la intención del corazón.

Uno de los regalos más grandes que podemos dar es "enviar la Luz".

Podemos enviarnos la Luz a nosotros mismos o a otros, diciendo o pensando: "Pido que la Luz sea enviada a (nombre de la persona), para su bien mayor y el bien mayor de todos los involucrados". Eso es todo. Eso es enviar la Luz.

Agregamos "para el bien mayor de todos los involucrados" con el objeto de mantener nuestra voluntad y deseos personales (lo que consideramos que sería lo mejor) fuera de la situación. (Por inconcebible que pueda parecerle a nuestro ego, no siempre sabemos qué es lo mejor para todas las personas en todas las situaciones). Enviamos la Luz "para el bien mayor de todos los involucrados" de modo que el bien mayor se produzca de todas maneras, en caso de que nuestra propia idea esté un poco errada en relación a cómo debería ser algo.

El hecho de enviar la Luz para el bien mayor de todos los involucrados permite que nos relajemos. Podemos confiar en que todo lo que suceda después de enviar la Luz para el bien mayor de todos los involucrados será para el bien mayor de todos los involucrados. No es necesario manipular afanosamente el resultado para que se produzca lo que pensamos que es mejor.

MÁS LUZ

¡Luz, más Luz!

ÚLTIMAS PALABRAS DE GOETHE

Una manera sencilla de hacer servicio es enviando la Luz para el bien mayor. Puedes hacerlo ahora mismo: envíatela a ti mismo, a tu familia, a tus compañeros de trabajo, a tu mascota, a tu país, al planeta.

Puedes enviarte la Luz a ti mismo, a otra persona o a una situación desde cualquier lugar y en cualquier momento. Sólo se necesita un segundo (literalmente). La próxima vez que te hagan esperar, no sólo controla tu temperamento, sino que aprovecha para enviar la Luz. La próxima vez que estés detenido en un semáforo, envía la Luz. La próxima vez que estés en una fila, piensa que es una "fila para enviar la Luz".

Lo extraño de esto es que estás allí por alguna razón, aunque no más sea para que la Luz pase por ese lugar, tal como las luces de tu auto iluminan la carretera. Es así. No tienes que saber cuánto sirvió lo que ocurrió. Lo único que tienes que hacer es conducir por la carretera. Ésas son oportunidades de servicio silencioso y, en ese sentido, todos tenemos mucho que aportar; prácticamente todo el tiempo.

Antes de salir a hacer servicio físicamente, te sugerimos que pidas que la Luz te llene, rodee, proteja, bendiga y sane para tu bien mayor , para el bien mayor de todos los que entren en contacto contigo y el bien mayor de todos los involucrados. Dicha "armadura de Luz" actúa tanto de escudo como de vehículo por medio del cual podemos dar algunos de nuestros dones más profundos.

La Luz aligera la carga e ilumina el camino.

EL REGALO DE DAR

Los ambiciosos, por lo general, no consiguen la felicidad, pero los generosos, sí.

Simplemente le das a los demás un poco de ti mismo: haces una atención, propones una idea útil, dices una palabra amable, echas una mano en un momento difícil, demuestras comprensión, haces una sugerencia oportuna.

CHARLES H. BURR

Al principio, puede que empecemos a dar porque es lo "correcto". Después damos porque el dar se siente bien. Finalmente terminamos dando porque—bueno—, eso es lo que simplemente hacemos. En ese momento, el donante y el donativo se convierten en uno.

¿Cuál es el regalo más preciado que puedes dar? El regalo de ti mismo.

Podemos dejarnos arrastrar por el deseo de encontrar el regalo perfecto para alguien o las palabras precisas, pero el don más sencillo y preciado que puedes entregar está dentro de ti. Algo difícil de aceptar, ya que tendemos a mirar hacia fuera y comparar. Todo el mundo parece tener más talento, dinero, felicidad, más de todo lo que nosotros creemos que queremos. Sin embargo, la realidad es que todo lo que alguna vez has querido o soñado tener, ya está presente dentro de ti.

Comenzamos una búsqueda de lo "que nos falta" cuando consideramos que nuestra realización está "allá afuera". Si emprendes el viaje hacia tu interior, los dones te serán revelados y se te dará mucho más de lo que creíste posible.

Puede que estés ciego con respecto a tus propios dones, pero dentro de ti puedes llegar a conocer y a familiarizarte con tu naturaleza verdadera y adquirir así las habilidades y la confianza para utilizar tus dones innatos. Tú eres suficiente todos los días y en todo sentido. Aunque tengas hábitos que querrías cambiar, rasgos físicos que no te gustan o una mente que divaga cuando lo que quieres es mantenerla enfocada, la realidad de quién eres se destaca de una manera más resplandeciente que cualquier crítica que puedas hacerte.

Ten el valor de ser tú mismo. Crea todo el amor que se necesite como para que aceptes todas tus facetas. Y a medida que te des estos regalos a ti mismo, más irás recibiendo.

Eres un regalo portátil, listo para activarse en todo momento. Podría ser brindando una sonrisa o simplemente siendo paciente. Mientras una persona tiene el don de la risa, otra nos bendice con el don del silencio y la paz que emanan de ella. ¡Cada uno de nosotros es importante!

Aprecia los dones que se te han dado y aquellos que tienes para compartir. Da las gracias de ser quien eres.

Ciertamente es una bendición que todos tengamos dones de sobra como para compartirlos con los demás.

LA MEJOR MANERA DE QUE ALGUIEN TE "AGRADE"

Una de las compensaciones más hermosas
de esta vida es que nadie puede tratar de ayudar
con sinceridad a otro sin ayudarse a sí mismo.

CHARLES DUDLEY WARNER

A veces, tenemos dificultades para que alguien nos agrade. Amarlo no es problema; lo difícil es que nos agrade.

"Amo a la humanidad", dijo alguien alguna vez, "son las personas a las que no soporto".

Para los que les gusta dar, la mejor manera de que alguien les agrade es hacer algo por esa persona. Sabemos que esto contradice toda sabiduría convencional, pero ustedes, los generosos, como se habrán dado cuenta, encuentan la sabiduría en formas no convencionales.

LOS AMBICIOSOS TAL VEZ COMAN MEJOR, PERO LOS GENEROSOS DUERMEN MEJOR

Aquellos que dan, lo tienen todo;
Aquellos que acaparan, no tienen nada.

PROVERBIO HINDÚ

Todo lo que damos, se nos regresa. En consecuencia, lo que damos determina el curso y la divisa en nuestra vida.

¿Qué es lo que más deseas? ¿Amor? ¿Compasión? ¿Cuidado? ¿Ternura? ¿Risas? ¿Alegría? ¿Dinero? Sea lo que sea (o lo que sean), dalo tú.

Cuando se te devuelva, puedes optar por "gastarlo" (usarlo, disfrutarlo, sentirlo, etc.), o puedes volver a darlo. Obviamente que puedes disfrutarlo tú mientras pase por tus manos o por tu corazón. Si lo entregas, volverá a regresar a ti y, por lo general, más rápidamente que la primera vez. Vuelve a darlo y regresará a ti otra vez. Dalo y regresa. Dalo y regresa.

Muy pronto será difícil determinar si todo ese amor, compasión, cuidado, ternura, risas, alegría y dinero está yendo o viniendo.

En última instancia, no se trata de dar para recibir amor, sino que todo se funde en un fluir constante de amor. Sin principio ni final.

LA NECESIDAD DE DAR

Hay dos clases de gratitud:
Aquella repentina que sentimos cuando tomamos algo;
o ésa más profunda que sentimos cuando damos.

E.A. ROBINSON

Una de las expresiones más elocuentes de lo necesario que es para nosotros dar se publicó en el libro de Harry Emerson Fosdick en 1920, *"The Meaning of Service"* (El significado del servicio), en donde el autor utiliza una analogía con la Tierra Santa. Allí existen dos mares que ofrecen un paralelismo con la vida de los seres humanos:

El Mar de Galilea y el Mar Muerto, que están compuestos de las mismas aguas.

Éstas fluyen claras y frescas, descendiendo desde las alturas del Monte Hermón y las raíces de los cedros del Líbano.

El Mar de Galilea crea belleza con ellas, porque el Mar de Galilea tiene una salida.

Él puede darlas.

Acopia su riqueza y la vierte nuevamente para fertilizar la llanura de Jordania.

Pero el Mar Muerto, con las mismas aguas, crea desolación porque el Mar Muerto no tiene salida.

Él se queda con ellas.

EL PRIVILEGIO DE SERVIR

Comienzas a morir cuando dejas de contribuir.

ELEANOR ROOSEVELT

Servir es un *privilegio*. Cada vez que damos, estamos afirmando: "Gracias, tengo más de lo que necesito".

Eleanor Roosevelt no consideró la muerte como una simple partida física, sino más bien como un oscurecimiento gradual de nuestra Luz interior, de nuestra conexión con la vida, de nuestra relación con nosotros mismos, y con todos y todo lo que nos rodea.

Parafraseando lo que la señora Roosevelt afirma, empezamos a morir la primera vez que se nos pide que demos, y siendo capaces de dar y sabiendo que es para el mayor bien, no lo hacemos.

Es una muerte lenta. Algunas personas tienen tan bien justificado su egoísmo, que lo han convertido en su código de honor. Eso es lamentable. Me pregunto, ¿qué podríamos hacer nosotros para brindarles un servicio a ellos?

DAR A REGAÑADIENTES

Sepan que no doy conferencias ni limosnas.
Cuando doy, me doy a mí mismo.

WALT WHITMAN

Dar no es algo que sólo los "buenitos" hacen. Algunos de los cascarrabias más grandes de todos los tiempos han reconocido que hacemos el bien porque *nos hace bien a nosotros*.

No tiene gracia tenerlo todo en el mundo, mientras el resto no tiene nada. Si la mayoría de las personas estuviera dispuesta a dar un poco, el mundo sería bastante más hospitalario. Con un poco de generosidad, el mundo se convierte en un lugar mucho más grato, así que damos –querámoslo o no- porque nos gusta vivir en un mundo mejor.

Por ejemplo, alguien puede detenernos y preguntarnos por una dirección, y que no estemos de ánimo para decirle cómo llegar. Pero si nunca nadie indicara el camino, sería difícil ubicarse. Así que nos tomamos el tiempo y le indicamos como ir, ya que preferimos vivir en un mundo en donde sea más fácil ubicarse.

Si nadie diera nunca nada, éste sería un mundo horrible. Así que, como no nos gusta lo feo, nos decidimos a dar.

Además, como dijo Sir Philip Gibbs muy ingeniosamente: "Es mejor dar que prestar, y cuesta casi lo mismo".

¿CUÁNDO ME TOCA A MÍ?

*¡Piérdete en el servicio generoso y cada día
será muy especial; un día de triunfo,
un día de abundancia gratificante!*

WILLIAM ARTHUR WARD

Podrías protestar: "Pero, ¿cuándo me toca a mí?". Con esa actitud, sin embargo, es probable que nunca. ¿Qué tal ayudar a otro a que reciba lo suyo?

Si le ayudas a otro a conseguir lo que le corresponde, ¿obtienes *entonces* lo que te corresponde a ti?

No es así como funciona.

El nivel de conciencia más elevado es el servicio. Y la forma más elevada de servicio es el servicio desinteresado. Encuentra a alguien a quien servir. Realiza un simple acto de bondad al azar, sin esperar recibir absolutamente nada a cambio.

¿Sabes cuál podría ser un acto de bondad al azar? Dejar a alguien en paz.

También podría expresarse como preguntarle a esa misma persona si hay algo que puedas hacer para apoyarla en algún sentido. Así dejas la puerta abierta.

Haces todo lo que sea necesario. Yo mismo no sé lo que se necesita. Sólo sé que hay que seguir hasta que la otra persona diga: "No hace falta, gracias".

Entonces, acepto lo que me dice y continúo sirviendo a otros.

¿HASTA DONDE DEBEMOS DAR?

Nosotros estamos en este mundo para hacer el bien a los demás. ¿A qué han venido los demás? No lo sé.

W. H. AUDEN

Cuánto damos depende de cuánto se nos ha dado, porque a quién mucho se le da, mucho se espera de él.

Aquellos a quienes se les ha dado mucho, u otorgado el don de multiplicar sus bienes, tienen la opción de convertirse en consumidores a gran escala: más casas, casas más grandes, más coches, coches más caros, barcos, limusinas, aviones privados, etc.

Y los que viven una vida de superabundancia material han comprendido que no es una vida de lujos sino una vida de *mantenimiento*. Una vida en que se posee mucho se convierte rápidamente en una vida de *mantenimiento*. Mantenerse a la par con el vecino implica también que hay que hacerle el mantenimiento a todos esos *bártulos*.

Como dice el proverbio hindú: "El lujo llega como invitado y muy pronto se convierte en el maestro".

Por suerte, a algunos que se les ha dado mucho, también se les ha proporcionado la sabiduría de comprender que el exceso (ya sea en dinero, talento, ingenio, amor, sentido del humor, o lo que sea que poseamos en abundancia) se nos da para que nos demos el gusto de regalarlo.

Recibir nos alegra, pero dar nos llena de gozo. Cualquier cosa que se nos haya dado en abundancia tiene la cualidad intrínseca de que podemos regalar de ella nuestro sobrante.

¿QUÉ ES EL SERVICIO?

Consciente o inconscientemente, cada uno de nosotros presta algún servicio. Si cultivamos el hábito de practicarlo deliberadamente, nuestro deseo de brindar servicio crecerá en forma constante, se fortalecerá, y no sólo nos hará felices a nosotros mismos sino que también al mundo entero.

MAHATMA GANDHI

Déjame aclararte que no *tienes* que servir durante largas horas. Podría ser que tu servicio creciera de a poco.

Tal vez lo hagas durante quince minutos un día y la próxima vez, durante media hora. Puede que te lo saltes tres o cuatro días y que luego cuentes con cinco minutos, y que seas amoroso con un pequeño que realmente necesita que alguien le demuestre afecto.

Incluso, puedes prestar servicio aunque tengas o no muchas ganas, pero no dejes que la persona note que no tienes ganas. Permítele sentir el cariño. De esa manera, aunque en tu propia mente hayas o no servido, en la mente de la otra persona lo habrás hecho. Y eso es lo que realmente importa.

Como puedes ver, no hay una respuesta definida en relación con lo que es el servicio. De hecho, depende de la situación. Es tan circunstancial. Lo único que podemos decir es que *ser* servicial realmente implica *prestar* el servicio.

LA CLAVE DE ESTA DISPENSA

Cuando das de lo que posees, no das mucho.
Es cuando te entregas a ti mismo
que das verdaderamente.

KAHLIL GIBRAN

Te conviertes en tu corazón, en tu alma, y también te conviertes en el corazón de los demás cuando sirves de manera incondicional; entonces sabes lo que las personas necesitan y cómo complacerlas con el Espíritu.

Esto sucede cuando estás en sintonía con tu corazón espiritual; es un proceso que se da momento a momento, y que se desarrolla cuando confías en el Espíritu y te mueves a su ritmo.

Quizás trates de llegar al corazón de otra persona con una palabra cariñosa o un contacto amoroso y luego te preguntes si hiciste lo correcto. Haces lo correcto cuando estás en sintonía con tu Espíritu.

La voluntad de hacer te proporciona la capacidad de hacer. ¿Entiendes eso? Esa es la clave de la dispensa otorgada para los próximos 2000 años. Repito:

La voluntad de hacer proporciona la capacidad de hacer.

Cada vez que estás dispuesto a dejarte llevar por tu corazón simplemente, a pesar de no conocer los detalles de lo que harás, las cosas funcionan. Y funcionan porque la voluntad de hacer te brinda la capacidad de hacerlo, y tú mismo te sorprendes.

Yo no persigo la perfección, simplemente hago.

A veces, la majestuosidad de nuestro sueño no se corresponde con nuestra capacidad para implementarlo. Así que no lo realizamos y entonces le describimos a la gente el sueño maravilloso que teníamos y cómo fracasamos y, por lo general, al hacerlo culpamos a los demás. Olvídate de los fracasos y olvídate de tus sueños y realiza simplemente lo que tengas frente a ti. Tu buena disposición te proporcionara la capacidad necesaria.

SER UN ESCLAVO VERSUS SER UN SERVIDOR

Pareciera que mientras más rico y poderoso es un hombre, mayor es su obligación de emplear sus dones para paliar la miseria humana.

JOHN RANDOLPH

¿Sabes? Creo que nadie quiere convertirse en tu esclavo este año.

Estoy seguro de que tú tampoco quieres ser el esclavo de nadie. Pero estoy igualmente seguro de que todos estamos dispuestos a servir a los que amamos, dando todo lo que esté en nuestras manos... no como esclavos sino como servidores.

Eso implica que cuando nosotros los sirvamos, ellos tendrán que ser lo suficientemente magnánimos como para recibir y, luego, cuando ellos nos sirvan a nosotros, nosotros tendremos que ser lo suficientemente magnánimos como para recibir también.

Si no eres lo suficientemente magnánimo como para recibir lo que se te sirve, no estás aprendiendo lo que se requiere para crecer.

Si lo que quieres es una vida que satisfaga tus instintos y caminar por la vida creyendo que todos te deben servir, estás viviendo en una utopía.

Aquí las utopías no existen. No pueden existir aquí, porque la utopía es de por sí un proceso paralizante. Tan pronto deseas algo, lo obtienes. Nosotros lo llamamos "infierno", porque obtienes todo lo que quieres. Al poco tiempo, tienes tanto de todo, que no sabes qué quieres realmente, y entonces cambia de nombre a "qué aburrido".

En una relación, se produce una sensación de aprecio cuando se trabaja por alcanzar una meta, haciendo lo que corresponde, por el motivo correcto y con una auténtica actitud de servicio.

La vida súbitamente se vuelve mágica y tú experimentas plenitud.

OTRA RECOMPENSA MÁS

Cuando te sientes agobiado por la melancolía, lo mejor es salir y hacer algo bueno por alguien.

JOHN KEBLE

Todas las personas se benefician al atravesar los incontables valles de lágrimas de esta vida: dolor, sufrimiento, pérdida, ser herido, rabia, preocupación, frustración, enfermedad y todo lo demás, ya sea:
   (a) sobreviviéndolos,
   (b) superándolos, y ojalá...
   (c) aprendiendo algo de la experiencia.

Las personas generosas, no obstante, tienen una recompensa adicional: pueden utilizar la experiencia y lo que han aprendido con ella para mejorar su servicio hacia los demás.

Las personas generosas se vuelven más compasivas. Ahora pueden decirle a alguien: "Yo he pasado por eso", y la otra persona sabe que dicen la verdad.

Las personas generosas son más comprensivas. En situaciones en las que los que tienen menos experiencia podrían decir: "¡Supéralo y sigue adelante!", los generosos de corazón saben que "superarlo" no es algo que esa persona esté en condiciones de hacer en ese momento.

Las personas generosas tienen una capacidad mayor de estar con alguien y demostrarle que no está solo y de ayudar a la persona a confiar en que va a sanarse. Incluso podrían estar capacitados para hacer sugerencias que acelerarían la sanación.

¿CUÁNDO DECIMOS BASTA?

*No habrás hecho lo suficiente y nunca lo harás,
mientras sea posible y tengas algo más para aportar.*

DAG HAMMARSKJOLD

Si consideras el servicio como un deber desagradable, la cita anterior de Dag Hammarskjold podría paracerte una sentencia.

Si, por el contrario, crees que el servicio es una bendición, la acotación del Sr. Hammarskjold sería un pensamiento maravilloso porque significa que tendremos la oportunidad de dar hasta el final de nuestros días. (¿Y quién sabe si el final no sea sólo otro comienzo?).

Incluso, cuando nuestra vida llegue a su fin, podremos servir a otros *permitiéndoles que nos sirvan a nosotros.*

Habiendo llegado al final de la primera parte, ¿no sientes ya un impulso incontenible de servir?

SEGUNDA PARTE
Servir y Darse A Uno Mismo

"Ya que es dando que recibimos".

SAN FRANCISCO DE ASÍS

SÉ LEAL A TI MISMO

La mejor manera de encontrarte a ti mismo
es perdiéndote en el servicio a otros.

MAHATMA GANDHI

La respuesta a nuestros problemas en el mundo en este momento, en este planeta, por muy simple que parezca, es perdonar. Perdonar.[2]

Prestarse servicio a uno mismo consiste en ser indulgente con uno mismo. Solamente cuando soy indulgente conmigo mismo puedo ser indulgente con los demás. Además, debo perdonarles cualquier cosa que me hayan hecho, o si no, estaré diciendo que ellos no merecen que yo les dé. Mi perdón demuestra que ellos están bien tal como son.

La aceptación incondicional que Dios nos brinda a nosotros es así. Nos dice: "Está bien como eres", al mantenernos con vida.

La gente me pregunta: "¿Cuál es tu forma de vida?". Mi respuesta es: "En un estado de perdón". Cuando me preguntan: "¿Cómo te ganas el pan?", yo contesto: "Perdonando".

No te encontrarás a ti mismo de verdad mientras tu prioridad sea pensar en ti mismo, en lo que quieres, en tus necesidades y en tus deseos, y los consideres más importantes que el servicio a los demás. Es prestando servicio que verdaderamente nos encontramos a nosotros mismos.

Sé leal a Ti Mismo. Perdona y sirve.

---

[2] *N. del T.: La palabra en inglés es "for give-ness, juego de palabras que puede traducirse como "para-dar" o "per-donar".*

SÉ BUENO CONTIGO MISMO

Lo más difícil es dar.
Entonces, ¿por qué no añadir una sonrisa?

JEAN DE LA BRUYERE

Cuídate.

Sé bueno contigo mismo.

Sólo a través de la bondad podrás alcanzar al Dios dentro de ti.

Todo lo que tienes que hacer es ser libre. Entonces emerge el paso siguiente.

En el transcurso de la historia, todas las verdaderas religiones han llevado en su esencia los principios básicos de servicio, amor y devoción. Y el resultado de eso ha sido el cuidado.

Ésto implica también que seas solidario contigo mismo.

Servirte a ti mismo significa que te permitas ser.

Ése sí que es un servicio superior.

¡Dios mío! Si tan solo las personas se dejaran ser ellas mismas.

Ese estado del ser es absolutamente majestuoso.

CUÍDATE

La hazaña lo es todo, no la gloria.

GOETHE

Una concepción habitual, y tal vez con la que crecimos, es la mentalidad de "Yo te di algo a ti, así que ahora tú me tienes que dar algo a mí. Estás en deuda conmigo". Ésa es una operación de intercambio más que de entrega. Y probablemente constituya la forma preponderante en que la gente encara el mundo hoy en día.

El enfoque que más satisfacciones proporciona es no sólo dar, sino que observar también la forma en que la gente recibe lo que se les da y lo que hacen con eso. He visto cómo las personas rejuvenecen diez años en un instante con solo librarse de algo que les molestaba.

Y todo lo que sucedió fue un simple acto de servicio por ellos, pero realizado con amor, generosidad y de una manera desinteresada. Considero el servicio y la conciencia de servir como el nivel más elevado que encontramos en el planeta. Contemplar cuando alguien sirve a otro ser humano con amor es realmente un deleite.

Claro que a través de la historia nos encontramos con personas que se dedicaron con tanto ahínco al servicio que se convirtieron en mártires y se les olvidó cuidarse a sí mismos. Por consiguiente, nosotros tenemos tres reglas básicas para la vida:

1) Cuídate para que puedas ayudar a cuidar de los demás.
2) No te lastimes ni lastimes a otros.
3) Utiliza todo para elevarte, aprender y crecer.

En estas tres reglas básicas hay un enfoque restaurador, que nos permite servir y dar a los demás de una manera equilibrada.

TÓMATE TIEMPO PARA TI MISMO

La amabilidad nunca se desperdicia.
Si no surte efecto en el que la recibe,
al menos beneficia al que la practica.

La amabilidad puede convertirse en un fin en sí misma.
Nos volvemos amables al ser amables.

ERIC HOFFER

Prestarte servicio a ti es tomarte tiempo para Ti Mismo. Puede ser quedándote unos momentos en silencio mientras meditas o haces ejercicios espirituales (ver el Glosario). O podría ser perdonándote los juicios que te haces a ti mismo o a los demás.

Es dedicarte a Ti Mismo para que tu copa se llene otra vez. Es entonces que puedes volver a servir en un estado de plenitud y dar de lo que te sobra.

El énfasis se pone en el 'Ti Mismo', con mayúsculas. Muchas personas creen que cuidarse a sí mismas es caer en un estado de indulgencia, lo que podría servir, sin embargo, suele no dar buenos resultados porque alimenta la mente y las emociones, que siempre quieren más.

Darte a Ti Mismo te renueva, te regenera y te rejuvenece. Te colmas a Ti Mismo para que puedas dar de lo que tienes de más.

Te cuidas a Ti Mismo para que puedas ayudar a cuidar a los demás.

SERVIRTE A TI MISMO

*Cuando verdaderamente renuncias a sentirte completo
a través de los demás, terminas recibiendo de ellos
lo que siempre quisiste que te dieran.*

SHAKTI GAWAIN

Una de las formas de servicio más maravillosas es el servicio a ti mismo.

¿Cómo puedes servirte a ti mismo? Cuando has sido negativo, asumiéndolo.

¿Cómo lo despejas? Poniéndote inmediatamente al servicio de otra persona.

Esa es la mejor manera de superar la negatividad, porque cuando sirves dejas de lado tus preocupaciones y tu egoísmo. Te conviertes en un punto de referencia positivo para la persona a la que sirves, y te conviertes en un punto de referencia positivo para ti mismo.

Una manera sencilla de servir es con un gesto amoroso. Le preparas a alguien una taza de té, y *¡zas!*, ahí mismo desaparece la negatividad.

Si es tan fácil, ¿por qué tenemos negatividad?

Porque te sientas y empiezas a quejarte de que eres una víctima. Cuando te defines como una víctima, no tienes la obligación de hacer nada.

¿POR QUÉ ES TAN DIVERTIDO DAR?

Dar produce más felicidad que recibir,
no porque implique una privación, sino porque
en el acto de dar está la expresión de mi vitalidad.

ERICH FROMM

Cuando das sin segundas intenciones, observar la cara de la persona que recibe es una cosa maravillosa. Es como si todos los días fuera Navidad.

Dar y servir no son necesariamente lo mismo, pero son hermanos siameses. Puedes servir a regañadientes y dar esperando algo a cambio. Pero de lo que yo estoy hablando es cuando das y no esperas ninguna retribución. Das simplemente porque en tu interior hay amor y generosidad, y ¿por qué no habrías de dar, si puedes hacerlo?

Consideras a todo el mundo tu hermano o hermana. ¿Por qué no darles entonces todo lo que esté a tu alcance?

Y cuando no estás en condiciones de hacerlo, no lo haces. Y no tienes que dar explicaciones. Pero quizás sería bueno que dijeras: "No tengo nada que dar en estos momentos".
Eso es cuidarte, que es sinónimo de servirte a ti mismo.

EL REGALO DE SABER RECIBIR

No hay nadie que haya hecho algo que valiera la pena, que no haya recibido a cambio mucho más de lo que dio.

HENRY WARD BEECHER

Hay una diferencia entre darle un regalo a alguien y darle el regalo de tu generosidad, que es el regalo de tu corazón amoroso.

Hay una diferencia entre recibir un regalo de alguien y darle a esa persona el regalo de recibir a su corazón amoroso.

Si en tu mente equiparas el valor del regalo con el amor que siente por ti la persona que te lo está dando, te estarás subestimando y también a la otra persona.

Considero el regalo como una extensión del corazón de la persona, y no valoro tanto el regalo en sí como el corazón de quien lo da. Abro mi corazón a recibir el regalo material, y con eso permito que la persona envíe también su corazón a mi corazón, espiritualmente.

Yo lo sacrificaría *todo* por llegar a ese corazón amoroso, por despertarte a tu corazón amoroso y hacer que lo abrieras a las melodías celestiales que se entonan dentro de ti. Las melodías divinas de Dios cantan acerca del corazón amoroso. El corazón amoroso abarca todo lo demás: la paz, la dicha, la Luz, la justicia, la verdad... y la gracia del Señor. El corazón amoroso ama incondicionalmente. No reprime nada.

Regala el don de entregarte a ti mismo a los demás y el don de recibir el ser de los demás. Ése es un amor que se ha activado y ha cobrado vida. Dios vive dentro de ti como tú mismo, y tú puedes recibir esa experiencia personal de Dios en todo momento.

APRENDER A RECIBIR

> *Si mis manos están completamente ocupadas en retener algo, no puedo dar ni tampoco recibir.*
>
> DOROTHEE SOLLE

Debes estar abierto a recibir. Si tengo algo para darte pero tú tienes las manos empuñadas fuertemente a tu espalda, no existe un recipiente en donde yo pueda colocar mi regalo. Pero si tus manos están abiertas y las extiendes para recibir, entonces podré colocar el regalo en ellas.

Lo mismo se aplica a las cosas del Espíritu. Si estás contraído y cerrado por dentro, ¿cómo puedes estar a abierto a recibir la recompensa que hay para ti?

Si realmente tienes dificultades para recibir, empieza a recibir poco a poco. Permite que alguien te invite a almorzar, que te abra la puerta, o que haga algún mandado por ti. La mayoría de las personas están dispuestas a darte. Eres tú quien decide qué tanto quieres recibir en todos los niveles.

Con agradecimiento construyes tu capacidad de recibir. Y luego das, y esa generosidad permite que también se reciba.

Éste es un proceso que puedes practicar a diario.

MANTÉN EL FUEGO DEL HOGAR ENCENDIDO

Para mantener encendida una lámpara
debemos ponerle aceite constantemente.

MADRE TERESA

Es lógico que antes de que podamos estar al servicio de los demás tengamos que estar al servicio de nosotros mismos. Si no lo hacemos así, tarde o temprano alguien tendrá que ponerse a nuestro servicio.

El ejemplo extremo de esta conducta sería una persona que está tan ocupada dando y dando y dando, que no se toma tiempo para descansar, alimentarse o incluso para beber agua. ¿Cuánto tiempo podrá resistirlo?

Alguien que se toma el tiempo "egoístamente" para descansar, alimentarse y beber agua—y además agregarle un poco de diversión—será capaz de brindar un servicio mayor durante un período más extenso de tiempo que aquel que lo "sacrifica todo" por los demás.

Una vez que nuestras necesidades básicas -y unos pocos deseos esenciales- están satisfechos, el resto se considera superávit.

A partir de esa abundancia sobrante es que nosotros damos. Es algo que las personas que son naturalmente generosas hacen espontáneamente. Este tipo de personas necesitan dar. Una vez que sus necesidades básicas de vida están cubiertas, los generosos de corazón disfrutan más dando que recibiendo.

Lo que sería un sacrificio para una persona ambiciosa es un privilegio para una persona desprendida.

CUIDARNOS VERSUS CONSENTIRNOS

Mientras más hagamos con menos, nuestros recursos alcanzarán mejor para cuidarlos a todos.

BUCKMINSTER FULLER

Las personas generosas quieren dar. Nuestra cultura occidental, sin embargo, hace más hincapié en conseguir que en dar.

Está bien; nuestra sociedad alaba hasta cierto punto el hecho de dar, pero la mayoría de los mensajes culturales que recibimos comunican la alegría y satisfacción que produce, y la importancia que tiene obtener, consumir y conseguir cada vez más. Si tuviéramos un vitoreo oficial en nuestro país, éste probablemente sería: "¡Más! ¡Más! ¡Más!".

En los Estados Unidos vive un 5% de la población del mundo, pero se consume aproximadamente un 70% de los recursos del mundo. (Además de producir una cantidad exorbitante de la contaminación de todo el mundo).

Admitámoslo, los norteamericanos somos una nación de glotones - y a menudo se nos alienta a creer que dicha glotonería es buena. Sin embargo, esto está cambiando. El cambio se ha producido fuera de nosotros. Ahora es el momento de hacer el cambio adentro y comprender que dar es la opción superior.

Hay personas generosas que dicen: "Voy a producir más para poder dar de lo que me sobre". Algunas personas "generosas" lo han estado diciendo hace años. Y estas mismas personas "generosas" produjeron más, pero en vez de dar, cayeron en la trampa social del "glamour", y aquello que les sobraba y que iba a ser destinado a donaciones, lo utilizaron para llenar sus piscinas.

Quizás la respuesta sea vivir con mayor sencillez y dar lo que nos sobra de lo que ya tenemos. Eso te obliga a convertirte en una persona caritativa, y el Universo tiende a darle a las personas verdaderamente altruistas.

APRENDE A RECIBIR

Deja de resistirte cuando el Universo te dé más de lo que crees merecer. Eso es lo que el Universo hace: Nos da más de lo que jamás podríamos llegar a merecer. ¡Abre bien los brazos y recíbelo todo!

LAURA TERESA MÁRQUEZ

Las personas verdaderamente generosas reciben de modos muy extraños. Cuando digo "personas verdaderamente generosas" me refiero a aquellas que están involucradas realmente a nivel físico en un proceso continuo de dar; son personas que no están comprometidas con la idea o el concepto de dar sino que dan de hecho.

Las personas verdaderamente generosas saben que no son más que custodios, nada más que depositarios y distribuidores de las cosas de la vida. Las cosas llegan, ellos encuentran una necesidad que cubrir, y las cosas salen. Las cosas llegan y las cosas salen.

Cuando el Universo (Dios, la Madre Naturaleza, el "Ratón Pérez", quien sea o lo que sea para ti la fuerza benevolente que da) quiere dar a quienes tienen una necesidad, ¿a quién crees tú que elige el Universo para repartir esos regalos? A los generosos, por supuesto: a aquellos que son verdaderamente generosos.

Por lo tanto, si eres una persona generosa de verdad, debes aprender a recibir. Recibir puede ser una de las cosas más difíciles para una persona desprendida.

Cuando estés abierto a recibir, las cosas podrán llegarte de formas inusitadas e inesperadas. No pienses si las necesitas o no; recíbelas con gratitud a nombre de aquellos a quienes tú se las darás (o mejor dicho, se las traspasarás) posteriormente.

Da; da de verdad, y el afán de dar a los demás tarde o temprano te favorecerá a ti. No persigas el afán, persigue el servicio, y el afán te perseguirá a ti.

SERVIDOR, CÚRATE A TI MISMO

No existe problema humano alguno que no pueda ser resuelto si la gente siguiera mis consejos.

GORE VIDAL

Cada vez que tengamos el deseo de "arreglar" o de cambiar a alguien en nombre del servicio, tal vez sea bueno recordar el proverbio antiguo que dice: "¡Médico, cúrate a ti mismo!"; [LUCAS 4:23].

Por supuesto que está bien servir: nutrir, cuidar, apoyar e incluso dar un buen consejo cuando te lo pidan, o cuando el otro esté claramente abierto a recibirlo.

Sin embargo, cuando sentimos la necesidad imperiosa de entregarle una preciosa muestra de nuestra sabiduría a quien parece completamente desinteresado en escucharla, y mucho menos en seguirla, quizás sea tiempo de curarnos a nosotros mismos.

¿Qué tal si esa persona está sirviéndonos de espejo y reflejándonos una de nuestras propias debilidades?

Esa gema de sabiduría—que la persona desechó de manera tan imprudente—no se desperdicia necesariamente, pues puede ser utilizada después de todo, en nosotros mismos. Podemos descubrir la utilidad de ese sabio consejo y aplicarlo a nosotros mismos.

No hay que ser perfectos para empezar a dar. Hay mucha gente que en este mismo momento está esperando lo que podamos darle, de la manera en que estamos acostumbrados a hacerlo. Pero para poder ayudar a más personas a un nivel más elevado, debemos elevarnos nosotros mismos a un nivel superior.

Y ¿cuál sería uno de los medios más efectivos de crecimiento para aquellos que dan? A través del servicio, por supuesto.

A TRAVÉS DEL SERVICIO, POR SUPUESTO

Si quieres elevarte a ti mismo, eleva a otro.

BOOKER T. WASHINGTON

Prestar servicio puede ser un medio sumamente efectivo, ya sea que queramos progresar a niveles de experiencia y expresión nuevos y dinámicos o evitar volvernos locos[3].

Se le preguntó al prestigioso psiquiatra Karl Menninger qué recomendaría él cuando una persona está al borde de un quebranto nervioso y su consejo fue: "Que encuentre a alguien necesitado y haga algo por él".

Es posible que nuestra salud física también dependa del hecho de dar. Estudio tras estudio ha determinado que aquellos que dan de manera constante son más saludables y más felices, y viven más tiempo que aquellos que están dedicados primordialmente a adquirir.

Si eres una de esas personas que no vive para dar, entonces da para vivir.

---

[3]*Una definición de "locura" es hacer una y otra vez lo mismo esperando resultados diferentes.*

EL CAMINO AL LIDERAZGO PASA POR SER UN SIRVIENTE

*Entrégale tu amor y aceptación incondicional
a quienes encuentres, y ve qué sucede.*

WAYNE DYER

El servicio a la humanidad tiene que empezar por el servicio a uno mismo. Comienza a servirte de la mejor manera posible aquí mismo y ahora mismo.

Para convertirse en un líder hay que ser un sirviente. Eso implica servir de una manera desinteresada. Aprende a servir sin poner condiciones y estarás liderando de forma automática.

Todas las personas que te rodean sentirán: "Esta persona sí puede hacerlo". "Puede hacer" es la habilidad de hacer.

Así que, si le estás prestando servicio a otras personas pero no lo estás haciendo contigo, no los estás sirviendo de verdad. Porque rápidamente el resentimiento de sentir que no estás recibiendo tu parte comenzará a transferirse a la próxima vez que prestes servicio.

Muy pronto empezarás a servir con disgusto y lo llamarás "servicio" y "amor". Sirves con negatividad cuando declaras: "Sólo trabajaré por dinero aquí". Muchas personas hacen cosas que sólo harían si se les paga. Es por eso que el dinero es el rey de este mundo.

Sírvete a ti mismo colmándote de tu Espíritu y tu amor. Entonces no necesitarás excederte en la comida, porque no habrá lugar donde ponerla. Comerás para sustentarte, en vez de para satisfacerte.

Mantente enfocado en lo que realmente quieres alcanzar. La mente tiende a divagar, por eso tienes que lograr que tu mente te sirva a ti. Deja que se alimente de lo que tú quieras darle de comer. No le permitas que seleccione sus propios alimentos.

CUANDO CONTRIBUIMOS CON ALGO MÁS GRANDE QUE NOSOTROS, TAMBIÉN NOSOTROS CRECEMOS

El hombre sabio no acumula. Cuanto más ayuda a los otros, más se beneficia él mismo. Cuanto más da a los otros, más obtiene él mismo.

LAO-TSÉ

A veces nos sucede algo "malo" en la vida que parece no aplicarse para nada a ella; cualquiera sea la lección que se podría sacar nos cuesta ver su aplicación directa a nuestra vida. Luego, semanas, meses y a veces hasta años más tarde surge alguien precisamente con ese problema y nosotros no sólo lo entendemos sino que además lo sentimos y, a menudo, tenemos la solución. En esas ocasiones comprendemos que aquella experiencia no la tuvimos por nosotros: pasamos por la experiencia por la otra persona.

Por lo tanto, cuando atravieses por situaciones difíciles pregunta no solamente: "¿Cómo puedo salir de esto por mis propios medios?", sino también: "¿Cómo puedo usar esto para ayudar a los demás?".

La escuela del servicio está siempre en sesión.

Cuando contribuimos con alguien, con algo o con alguna causa justa más allá de nosotros mismos, nos sentimos trascendentales y expandidos. La persona, cosa o causa con la que hemos contribuido se convierte en algo más grande gracias a nuestro aporte y, aunque pareciera violar las leyes de la física, nosotros nos engrandecemos también.

Es así porque dar no obedece a las leyes de la física; dar se rige por la ley del servicio. Y en el servicio todo lo bueno se multiplica.

Agregar nuestro aporte a algo que es más grande que nosotros mismos multiplica el bien para todos.

CONCURSO SOBRE EL DAR

Si las cosas no te están saliendo bien, esfuérzate por corregir la situación examinando detenidamente el servicio que estás brindando, y especialmente la actitud con la que lo estás haciendo.

ROGER BABSON

¿Cuáles son las palabras mágicas que transforman un intercambio frío en un servicio de corazón?

   a) *Alacazam*
   b) *Actitud*
   c) *Abracadabra*
   d) *Altura de miras*

Respuesta: La actitud y la altura de miras. Si las otras dos palabras funcionan, no dudes en utilizarlas. Revisemos la actitud y la altura de miras más en detalle.

ACTITUD

*Si no estás encendido de entusiasmo,
serás despedido con entusiasmo.*

VINCE LOMBARDI

Vamos a analizar un escenario típico en un trabajo de principiante: empaquetar hamburguesas en la parte posterior de la cadena de hamburguesas de tu ciudad. Puede que no veas a las personas que sirves y que ni siquiera sepas a cuántas personas estás sirviendo: por cada cien hamburguesas que embolsas puede que se hayan alimentado un centenar de escolares o dos turistas con mucha hambre. Ese es el tipo de tarea que puede ser un tormento o un portento dependiendo de tu (¡cha, chán!) actitud.

Las dos actitudes extremas que el empacador de hamburguesas (la persona, no el papel) podría asumir son:

"Estoy muy contento de poder ayudar a alimentar a mis congéneres y de cumplirle a mi jefe haciendo mi trabajo de la mejor forma posible".

O bien:

"Malditas bolsas, malditos clientes, malditas hamburguesas, maldito jefe, maldito trabajo, maldita vida".

En algún lugar entre *Alicia en el País de las Hamburguesas* y *El Valle de los Condenados Empacadores de Hamburguesas* se encuentra la gama de actitudes que pueden convertir exactamente la misma actividad en un servicio de corazón o en una carga esclavizante.

Si lo que haces es una carga para ti y no ves más allá de ese trabajo para apreciar la alegría y el valor que el trabajo tiene o la alegría y el valor del servicio, ¡ojo! Estás en peligro de quedarte en esa posición por un largo, largo tiempo.

Empaquetar hamburguesas, tomando conciencia de que estamos haciendo un aporte, abre el corazón. Contar las horas y maldecir cada hamburguesa, cierra el corazón. Es una cuestión de actitud y la actitud es una opción.

Es cierto que pareciera que la actitud no es algo que podamos elegir dado que nuestras reacciones aparentan ser tan automáticas. Dependiendo de nuestro condicionamiento y de las características innatas de nuestro organismo (genética), la vida puede parecernos un rosal que tiene espinas o un arbusto espinudo que tiene rosas. Ya sea que nos enfoquemos en rosas o en espinas, es una elección de todas maneras.

Con la práctica, podemos reconocer el condicionamiento cada vez más pronto e impugnar consecuencias que parecieran ser inevitables.

A la larga, un empacador de hamburguesas podría ver un pedido adicional de cien hamburguesas y optar conscientemente entre: "¿Empacaré estas hamburguesas con una actitud de servicio verdadero o las voy a empacar con la actitud de un esclavo?". La elección se respeta siempre.

Finalmente, podemos reprogramarnos para considerar automáticamente cada requerimiento de tiempo, energía o talento como una oportunidad de servicio. Quizás no seamos capaces de satisfacer todas las solicitudes, pero las que podamos cumplir, hagámoslas con el corazón lleno de amor.

ALTURA DE MIRAS

De lejos, la tierra se ve azul y verde,
y blancas las montañas nevadas.

De lejos, los océanos se unen con los ríos
y el águila emprende su vuelo. De lejos, hay armonía y
ella se siente resonar a través de los valles.

Es la voz de la esperanza. Es la voz de la paz.
Es la voz de todo hombre.

JULIE GOLD

En la década de los sesenta mostraron un episodio de la caricatura "Rocky y Bullwinkle" en la que el alce Bullwinkle lanza al aire a Rocky, la ardilla voladora. Rocky sube hasta las nubes y mirando desde arriba la situación que antes lo había confundido, exclama: "¡Ahora lo veo todo claro!". "Bueno, Rock, no podría ser de otra manera", le responde Bullwinkle, "estás lo suficientemente alto".

Eso es lo que la altura de miras hace por nosotros: lo pone todo en perspectiva. Mientras la parte nuestra de Rocky se eleva y "lo ve todo claro", la parte en nosotros que representa a Bullwinkle, se mantiene en tierra, recorriendo la vida.

Podemos tomar la vida simplemente como oportunidades de servir cuando nos elevamos "por encima de todo" mediante la meditación, la contemplación, la inspiración (leyendo, escuchando audios y seminarios, tomando talleres y recibiendo orientación), o a través de otras actividades estimulantes.

EL SERVICIO FAVORECE

Nuestras obras nos determinan tanto como nosotros determinamos nuestras obras.

GEORGE ELLIOT

A final de cuentas, no se trata de lo que obtenemos cuando damos; lo que verdaderamente importa es en quién nos convertimos cuando damos.

La dicha es producto del servicio. ¿Estás sirviendo?

Cuando dices que quieres servir más, has calificando y condicionado lo que haces. "Quiero servir más" implica "no estoy sirviendo mucho". Y si no estoy sirviendo mucho, significa que le he puesto límites y condiciones a lo que hago. Eso es servicio condicional.

Si dices que lo que quieres de verdad es simplemente estar más dispuesto y abierto al Espíritu, suena bonito, pero lo que acabas de hacer es contar un cuento de hadas. ¿Qué significa de hecho eso? ¿Cómo se expresa, se siente y de qué forma se materializa? ¿Cómo podríamos comprobar qué lo estás haciendo?

Un servicio ilimitado es el suministro ilimitado de energía y de recursos. 'Ilimitado' significa que no puedes estar cansado hasta que no digas: "Estoy cansado". Y entonces habrás condicionado tu energía.

Dí, en cambio: "Ésta es la energía de Dios que pasa a través de mí, y el suministro es infinito". Después sigue recurriendo a la fuente infinita, con Dios de socio, y simplemente mantenla circulando.

¿Significa eso que irás más rápido y que harás más? No, no. Sólo significa que en tu interior existe una plenitud mayor del Espíritu que se mueve a través de ti y que cada vez tienes que hacer menos, excepto estar presente mientras el Espíritu se manifiesta por tu intermedio y sirve y realiza todos los milagros.

Un lugar muy importante para comenzar es siendo amoroso contigo mismo.

DIVIÉRTETE Y ALÉGRATE CON ÉL

El único servicio que puede brindarte un amigo verdadero es mantener tu valor en alto, sosteniendo un espejo frente a ti en el que veas una imagen noble de ti mismo.

GEORGE BERNARD SHAW

La manera más elemental, directa, precisa y rápida de sentirse bien con uno mismo es siendo servicial. ¿Crees que he dado más de seis mil seminarios por ti? Olvídalo. Lo hago por mí.

Hago servicio por lo que eso me da y por lo que libera y alivia dentro de mí. No puedo evitar venir y ponerme al servicio y servir. Y lo hago con gusto, lo doy libremente. No tengo que ser preciso en lo que digo. No tengo que tener la razón. Sólo tengo que estar dispuesto a prestar servicio.

Yo solía hacer un montón de asesorías y acostumbraba a salir a la sala de espera a ver cuántas personas me faltaban aún. Pero siempre entraba alguien más. Así que finalmente tomé la decisión de dejar de salir a mirar. Simplemente decía: "El siguiente". Hacía entrar al siguiente, y al siguiente, y al siguiente. Hasta que en algún momento alguien le ponía llave a la puerta para que no entrara nadie más. Entonces yo había terminado.

Lo que yo hacía siempre era trabajar con uno sólo: ese que tenía frente a mí. Nunca trabajaba con diez antes de ése que tenía enfrente y cinco después. Yo siempre trabajaba con uno. Con ése que estaba ahí en ese preciso momento y en ése preciso lugar.

La persona traía siempre aires frescos y renovados porque era sólo una. Pero si hubieran sido siete u ocho, mi conciencia habría comenzado de inmediato a comparar y a abrumarme y cansarme diciendo: "He hecho demasiado. ¿Qué esperan de mí, ¿Qué más quieren?".

En tanto los tomes de a uno –éste– éste es el día que el Señor ha creado, conseguirás divertirte y alegrarte con él.

EL EGOÍSMO DE SERVIR

Comienza en donde estás. Los pastizales siempre se ven más verdes a la distancia, pero las oportunidades están justamente donde te encuentras. Aprovecha toda oportunidad de servir.

ROBERT COLLIER

Es paradójico, pero el servicio debe hacerse siempre con egoísmo para que se pueda brindar de una manera desinteresada, porque si no te cuidas, no puedes cuidar a los demás.

Por eso nos regimos por tres reglas básicas, que ya mencionamos anteriormente: *Cuídate para que puedas ayudar a cuidar a los demás. No te lastimes ni lastimes a otros. Utiliza todo para elevarte, aprender y crecer.*

Éstas son las tres premisas en las que nos basamos para servir.

Si no te estás cuidando, ciertamente no serás capaz de cuidar a nadie de una manera sostenida.

Puedo servir mejor a los demás si soy un poco más egoísta al cuidarme a mí mismo. De esta manera puedo ser más útil de lo que sería normalmente, porque normalmente cancelaría todo debido al cansancio o al agotamiento.

Tu habilidad y disposición a servir a los demás te ayuda a seguir creciendo y a seguir abriéndote, así que te brinda una gran oportunidad de elevarte. Si ésa es tu intención, creo que vas absolutamente por buen camino. Creo que estamos en el camino correcto cuando empezamos a ayudarnos unos a otros a crecer y a servir.

Yo digo que servir es una cosa tremendamente egoísta porque el servicio incondicional es el nivel de conciencia más elevado en el planeta. Cuanto más sirves, más alto se eleva tu conciencia. Cuanto más sirves para elevar tu conciencia, más abajo cae ésta. Es de esas cosas que tienen que ser auténticas e incondicionales. Y yo agregaría que Dios ama a quienes sienten dicha cuando dan.

DAR ES UNA COSA TREMENDAMENTE EGOÍSTA

El hecho de dar dinero, dedicación, apoyo y estímulo a las causas nobles jamás perjudica al que da. Las leyes de la naturaleza están diseñadas de tal manera que los actos de caridad abren al individuo a un yacimiento ilimitado de riquezas.

JEFFREY MOSES

Al finalizar esta sección sobre el darnos a nosotros mismos, permíteme repetir que la principal ventaja que obtienen del dar aquellos que dan, es la dicha en sí misma de dar.

Dar es una cosa tremendamente egoísta.

Desde mi punto de vista, la dicha más grande es estar al servicio del prójimo. Cuando una persona comienza a contactarse con su vitalidad y se pone al servicio de los demás—no sé muy bien cómo expresarlo en palabras—pero algo maravilloso sucede en su entorno inmediato. Esa persona comienza a transformar el medio ambiente. Así es como yo lo diría, pero esta descripción sigue quedándose corta.

Algo mágico comienza a suceder.

TERCERA PARTE
Servir y Dar a los Demás

" Cuando realizas una acción bondadosa nunca es demasiado pronto, porque nunca sabes cuán pronto puede ser demasiado tarde ".

RALPH WALDO EMERSON

EL DILEMA DE DAR A LOS DEMÁS

*El regalo más grande que podemos darle
a los demás es un buen ejemplo.*

THOMAS MORELL

Dar a los demás tiene ciertos problemas inherentes; pareciera sacar lo mejor y lo peor de las personas.

Lo que una persona generosa puede considerar como una buena obra, la persona que la recibe puede percibirla como una intromisión y demostración de lástima.

Cuando se trata de dar a los demás nos enfrentamos con algunas disyuntivas que describimos a continuación:

•¿Cómo sería posible saber lo que otro necesita realmente; cómo podemos pretender que tenemos lo necesario para satisfacer dicha necesidad, y cómo es posible que ni siquiera lo intentemos?

•Cuando le damos a los demás, ¿estamos apoyándolos de verdad o estamos apoyando sus debilidades?

•Esta situación, ¿necesita del cuidado de un aficionado o de las habilidades de un profesional?

•¿Cómo podemos saber si estamos ayudando o interfiriendo, o si estamos poniéndole fin a un proceso doloroso o dejando trunco un proceso que es necesario atravesar?

•¿Cómo podemos saber si estamos siendo valientes o simplemente estúpidos?

Y a todo esto se suman nuestro miedo, culpabilidad, sentimientos heridos, ira y falta de autoestima *personal*, que surgen de manera automática en cualquier situación nueva.

Vamos a ir revisando algunos de estos puntos a medida que avancemos. No pretendo ofrecer respuestas simplistas: tus respuestas ya las tienes en tu interior. Lo que sí quiero hacer es plantearte suficientes preguntas, ofrecerte técnicas y *posibles* respuestas desde muchos ángulos, para que tú mismo descubras tus propias respuestas.

Por ahora, tengo dos sugerencias que quiero que consideres:

> *1. Cuando le des a otro, usa tanto tu corazón como tu cabeza.*
>
> *2. En la medida de lo posible, no confundas tus emociones con tu intuición.*

Esto es parte del cuidarte a ti mismo.

SÉ PRÁCTICO CON TU SERVICIO

*Las buenas obras son más admirables
cuando permanecen anónimas.*

BLAISE PASCAL

Muchas enseñanzas espirituales y religiosas dicen que hay que sacrificarse para darle a los demás. Muchos grupos religiosos obligan a las personas a participar en ellos a través de la coerción, la culpa, o la promesa de algo ulterior.

Yo creo que es mejor servir por lo bien que se siente cuando se hace el bien, porque hacer el bien es hacer lo correcto. Y se puede ayudar amorosamente a los semejantes, sin inhabilitarlos.

Por ejemplo, cuando alguien se quiebra una pierna, puede que necesite una muleta por un tiempo. Después hay que apoyarlo para que reciba terapia y pueda deshacerse de la muleta y caminar.

Soy de las personas que dicen: "¿Necesitas una muleta? Usa una muleta. Si necesitas un bastón, usa un bastón, si necesitas una silla de ruedas, úsala". Simplemente no seas tonto y levántate tan rápido como puedas. No te conviertas en dependiente de algo, si no lo necesitas.

EL CORAZÓN DESEA SERVIR

La gente que se dedica a dar un buen servicio logra siempre una mayor satisfacción personal y sus negocios crecen.

PATRICIA FRIPP

Es muy importante que la gente sepa que estamos allí por si nos necesitan. Por ejemplo, si entras a un negocio y no encuentras a nadie que te atienda, es muy probable que te vayas. No porque ellos hayan sido groseros contigo—en realidad, no fueron nada—pero no estuvieron allí cuando los necesitaste.

Y si finalmente encuentras a alguien, quien te dice de mala gana lo que quieres saber, tal vez contestes: "Lo siento, pero eso no es exactamente lo que estoy buscando", y salgas del lugar porque no te ayudaron cuando los necesitabas.

Cuando la gente te entrega información y no lo hace de corazón, tú no crees lo que te dicen. Es muy importante que sintamos esa conexión de corazón a corazón que va más allá del intelecto. De hecho, no respeta al intelecto, porque aunque digas que nunca volverás a hacer algo de nuevo, tu corazón te obliga a hacerlo.

¿Por qué el corazón me hace hacer cosas que yo he dicho que no volveré a hacer?

Porque el corazón desea servir.

¿QUÉ HACER A NIVEL PERSONAL?

*Todo ser humano siente placer
de hacer algo bueno por los demás.*

THOMAS JEFFERSON

¿Cómo podríamos influir a nivel personal para producir un impacto positivo en este mundo?

Algunas personas contestan que teniendo dinero o conexiones.

A mi parecer, podemos influir positivamente demostrando integridad personal. Ser leal a uno mismo es el corazón de la integridad personal.

Ser leal a uno mismo requiere de compromiso, conciencia, valentía y práctica. El ejercicio sistemático de nuestra propia integridad produce armonía interior y, en última instancia, promueve un espíritu de cooperación global debido a que cada vez hay más individuos que eligen demostrar su integridad personal.

Vivir con integridad se convierte en la regla en lugar de la excepción y transforma la ambivalencia de tu vida. Puedes observar entonces cómo su capacidad transformadora se transmite a través de tu universo en círculos cada vez más amplios, convirtiéndote en una prueba viviente de que el amor no es un ideal abstracto sino una manera muy práctica y concreta de vivir.

Los mandamientos más importantes son 'Amar a Dios' y 'Amar al prójimo como a ti mismo'. El resto de la Biblia sólo explica cómo hacerlo. Hay veces en que dices: "Amo a mi prójimo", pero no le ayudas a empujar su coche fuera de la zanja. El amor es un concepto hermoso, pero no cobra vida hasta que no se manifiesta a través de actos de amor y de servicio.

Si amamos, servimos y trabajamos juntos, podríamos cambiar el curso potencialmente destructivo que se vaticina para nuestro planeta, por uno positivo en donde la humanidad salga ganando. No esperes por un futuro mejor. Créalo ahora mismo.

Todos, en esencia, somos espirituales y no podemos juzgar la espiritualidad de los demás por el comportamiento de su cuerpo físico. Pero creo que todas las personas que demuestran su espiritualidad tienen en común la amorosidad, las ganas de cuidar, de compartir y de servir que fundamenta todo lo que hacen, independiente de cómo lo expresen.

Quizás las veas demostrándolo con sencillez cuando tocan con suavidad y amor a un necesitado, o cuando caminan sonriendo por las calles.

El servicio puede ser algo tan simple y, cuando se hace con un corazón puro, puede producir un cambio profundo en la persona que lo recibe.

CONSIGUE LA ENERGÍA PARA ACTUAR

He tenido un día exitoso si he sido capaz de hacer un favor, si he podido apreciar mejor la naturaleza y la esencia del bien mayor, si me siento inspirado como para explorar horizontes de pensamiento y acción más amplios y si estoy en paz conmigo mismo.

ALEX NOBLE

A menudo, lo que nos preocupa no es que podamos enfermarnos, sino que no contemos con la energía para hacer lo que queremos hacer. Cuando pensamos así nos sentimos tan cansados, que nos sentamos frente al televisor y dejamos que éste nos entretenga, o los libros o las revistas.

Por eso es que yo te recomiendo que hagas voluntariado en alguna organización. Cuando sirves a la gente, tu energía se armoniza y surge una nueva dirección.

SERVIR, TAN NATURAL COMO RESPIRAR

Y cuando dejamos que nuestra propia luz brille, inconscientemente le damos permiso a otras personas para hacer lo mismo. Cuando hemos sido liberados de nuestro miedo, nuestra presencia automáticamente libera a otros.

MARIANNE WILLIAMSON

Una persona que verdaderamente presta servicio, sirve y resuelve las cosas de la vida de una manera natural y relajada.

La gente notará esa cualidad que emana de ti. Cuando un guerrero espiritual, que tiene una actitud de servicio incondicional, entra en una habitación, puede disolver los pensamientos negativos y la animosidad de los presentes por la naturaleza de la calma y paz que le acompañan.

La habilidad de guerrero nos proporciona la fortaleza para entrar en un lugar en donde reina la desarmonía. Nosotros no le damos la espalda a la desarmonía. Podemos enfrentar un conflicto, sin sentirnos conflictuados. Observamos el problema con neutralidad y le entregamos nuestra Luz a la situación.

Independiente del resultado, aquel que verdaderamente presta servicio mantiene la armonía dentro de sí en todo momento.

No nos alzamos y luchamos en nombre de la paz. Nos convertimos en la paz.

SABER RECIBIR

Panal de miel son los dichos suaves.
Suavidad al alma y medicina a los huesos.

PROVERBIOS 16:24

Saber recibir puede ser algo muy difícil para algunas personas. Muchas veces, la gente no está preparada para recibir un comentario amable y menos un cumplido.

Se necesita entrenamiento para poder darle a alguien sin que esa persona sienta que se la considera inferior, que la subestiman o que no se lo merece.

Hasta ahora, no he conocido a nadie que no se haya sentido agradecido cuando se le ha dado con una actitud sincera de servicio. Con su agradecimiento me han devuelto una tremenda sensación de amor, que yo ni me esperaba.

No puedo afirmar que mi entrega haya sido siempre completamente incondicional, pero apuntaba en esa dirección y tenía esa intención. La actitud que mantengo es: "Te doy esto libremente; haz con ello lo que desees, porque está en tus manos".

EXPECTATIVAS

Todos los hombres valiosos tienen buenos pensamientos, buenas ideas y buenas intenciones; pero sólo pocos de ellos los llevan a la práctica.

JOHN HANCOCK FIELD

Muchas veces damos y esperamos recibir algo a cambio. Tiempo atrás, recuerdo haberle dado un regalo a alguien y la persona se dio media vuelta y se lo regaló a otro. Al comienzo me sentí un poco ofendido. Pero luego me di cuenta de que tenía que soltarlo, que tenía que dar sin apego. Tomé conciencia de que si esa persona quería dárselo a otro, pues estaba bien; vamos: ¡Excelente!

Tuve que aprender a dar superando mi ego. Y el proceso en sí de practicarlo me enseñó a hacerlo, porque tenía que acceder a un estado más allá del ego.

Aprendí que podía utilizar el ego, pero que la fuente de inspiración está más allá de él. Yo lo llamo el corazón espiritual. Es una fuente inagotable de energía, guía y entusiasmo.

El corazón espiritual no dice: "Anda, logra esta gran meta", sino: "Haz esto para que puedas tener más dicha y la tengas en abundancia".

Al compartir esta idea con otros, también ellos han comenzado a actuar por servicio en lugar de por el ego, que siempre quiere ser reconocido por lo que hace. Han dado y servido con todo el corazón y me han comentado que jamás creyeron posible sentirse tan bien al dar de esa manera.

CUALQUIERA PUEDE BRINDAR UNA SONRISA

Felicidad, dolor, alegría, pena son esencialmente contagiosos. Comparte tu salud y fortaleza con los débiles y los enfermos, y les harás un servicio. Para revitalizarlos y elevarlos, no les des tu flaqueza sino tu energía, pues es la vida la que se encarga de revivir a la vida.

HENRI-FREDERIC AMIEL

Puede que estés leyendo esto y digas: "Pero y yo, ¿qué tengo para dar?".

Creo que una de las mejores cosas que tenemos para dar es simplemente aceptar a los demás como son, y no juzgarlos o descalificarlos.

Cualquiera de nosotros puede brindar una sonrisa. Cualquiera de nosotros puede aceptar sencillamente a alguien sin menospreciarlo y criticarlo.

Éste es un regalo que todos están en condiciones de dar, sea cual sea su situación financiera. Todo el mundo tiene un corazón, y todo el mundo sabe cómo sonreír y todo el mundo sabe cómo aceptar a las personas, sin más.

Incluso aquellos que no tienen mucha práctica en aceptar a los demás pueden asumir una actitud de: "Bueno. No importa, está bien".

Tal vez no estés de acuerdo con el estilo de vida de alguien. Quizá tú no harías las cosas de la misma manera, pero aun así puedes manifestarle tu aceptación simplemente diciendo: "Está bien; tienes todo el derecho a ser como eres en este momento".

Eso es algo que todos podemos dar y no cuesta nada. Todos podemos regalar aunque sea un momento en el que no le impongamos nuestra forma de ser a otra persona.

ESTÁ BIEN SI COMETES ERRORES

Dejad que se apresure a dar aquel que quiere ver a los demás felices mientras puedan disfrutar de su regalo. Aquellos que aspiran a hacer un bien demasiado grande de una vez, jamás harán nada.

SAMUEL JOHNSON

Mucha gente no comprende que esta vida está programada para que cometamos errores y aprendamos de ellos. Yo he aprendido mucho de mis errores y de quienes me los señalaron.

Por supuesto que no me agradó.

Sin embargo, al tomar distancia pensé: "No; voy a cambiar la situación ya mismo, porque es más fácil ahora que cuando mi ego esté más comprometido y tenga que empezar a luchar con él. En ese momento, comenzaré a juzgar a las personas y a ponerme negativo con ellas, y ya sabemos que la energía sigue al pensamiento, así que si pienso negativamente, voy a empezar a sentirme negativo y a hacer cosas negativas contra ellas. Por lo tanto, tengo que parar esto de entrada".

Escucha esa voz interna que te aconseja lo mejor que puedes hacer. Porque si no lo haces, te traicionas a ti mismo y podrías empezar a morir lentamente en tu interior. Si no te amas a ti mismo es fácil que te cierres a todo lo bueno que podrías recibir. Es tan importante que obedezcas a tu corazón y le hagas caso a esa voz que dice: "¡Sí! Sé generoso con esa persona".

Ya se trate de un gesto de amor, de una sonrisa, de dinero, de tiempo, de lo que sea, obedece a lo que te manda tu corazón. Se manifiesta claramente como valentía. Ten la fuerza de seguir a tu corazón.

Todo en esta vida es una lección. Aquí aprendemos y cometemos errores. He descubierto que dar es lo más fácil y, al mismo tiempo, lo más difícil que jamás tendré que hacer.

Creo que si estamos dispuestos a hacer un poco el ridículo,

a jugar otro poco y a llevar simplemente a la práctica todo pensamiento generoso que nos surja, es decir, a dar sin entrar en grandes análisis, podríamos hacer del mundo un lugar tanto mejor.

Si realmente nos rigiésemos directamente por nuestro corazón espiritual y llevásemos a la práctica esas pequeñas cosas que nuestra mente tiende a juzgar—si nos soltáramos y las hiciéramos de todos modos—muchos descubriríamos que nuestra vida mejora y que se llena de alegría.

DA, PORQUE ESTÁ EN TI DAR

No seas egoísta. Si tienes algo que no necesitas y conoces a alguien que podría usarlo, dáselo. Así serás generoso sin sacrificarte y le ayudarás a otro a ser de la misma manera.

ELBERT HUBBARD

En mi mente no importa *quién* dice la verdad, lo que importa es que se diga.

Cuando tu servicio es verdadero, tu dicha aflora y comienzas a divertirte, lo que incluso puede llegar a parecer ridículo. Es posible que lo disfrutes tanto, que empieces a buscar otros motivos para parecer ridículo y servir. Para describir esto, yo uso la expresión "como un niño" más que "infantil".

La persona a la que sirves recibe la alegría y la sencillez de la acción, la que atraviesa todas las barreras de su ego, y esa alegría e inocencia de niño, que está en ella amándola, se despiertan antes de que se dé cuenta.

Tal vez la gran lección para todos sea aprender a dar, y no como una obligación, sino porque es algo que deseamos hacer, motivados por la alegría que tenemos adentro.

A veces, tomamos la postura de que sólo le daremos a alguien si demuestra la actitud correcta y apropiada. Pero si esa persona tuviera la actitud correcta y apropiada, probablemente no necesitaría recibir nuestro servicio.

Así que da sin poner condiciones.

Da, porque dar está en ti.

¿QUÉ PODEMOS DAR?

> *Darle a alguien todo lo que tienes puede ser mucho mejor de lo que podrías llegar a imaginarte.*
>
> HENRY WADSWORTH LONGFELLOW

¿Qué tienes? ¿Talento? ¿Bondad? ¿Amor? ¿Paciencia?

¿Eres un buen oyente? ¿Sabes cocinar? ¿Pintar? ¿Eres bueno con las cuentas? ¿Puedes hacer figuritas con alambre? ¿Cantar? ¿Limpiar sanitarios?

Por casualidad, ¿sabes el número privado de algún presidente (de cualquier presidente)? ¿Él o ella te deben un favor?

¿Sabes jugar "Mikado"? ¿Comer con palillos chinos? ¿Construir palillos de madera?

¿Tienes un coche para prestar? ¿Una vidriera? ¿Una sala de conferencias? ¿Un granero? ¿Una bodega? ¿Cuarenta hectáreas soleadas? ¿Una bicicleta?

Lo que sea que tú tengas puede ser un verdadero regalo para los demás.

En una congregación religiosa existió una persona que se quejaba de *todo*, pero también se ofrecía de voluntario en todo. Su voluntariado se apreciaba, pero sus constantes quejas volvían loco a todo el mundo.

Finalmente, el pastor descubrió el mejor lugar para este voluntario quejumbroso: lo puso a cargo de las quejas presentadas por la iglesia. Cualquier dificultad que la iglesia tuviera con la ciudad, con los proveedores, con las reparaciones, o cualquier controversia profesional eran referidas a la 'Oficina de Solución de Conflictos' representada por esta única persona. Las cosas funcionaron de maravillas.

A veces, el dar consiste en encontrar de forma creativa la mejor manera de canalizar un don.

Seguro que alguien está esperando eso que tú tienes para dar.

CREA TU PROPIO REGALO— AUNQUE SÓLO SEA DINERO

Dar dinero es un muy buen criterio para determinar la salud mental de alguien. Es raro que la gente generosa esté mentalmente enferma.

KARL A. MENNINGER

El dinero es simplemente un *símbolo de energía.* Canjeamos un artículo, idea, o actividad por un símbolo que representa su valor, llamado dinero. Luego, intercambiamos ese símbolo de energía (dinero) por otro artículo, idea, o actividad que consideramos valioso.

Dado que el dinero representa nuestra energía, puede ser considerado como una extensión de nosotros mismos.

El dinero representa una inversión personal: un símbolo de nuestro trabajo, de nuestra energía, de nuestras ideas, o de nuestra buena fortuna. Por eso, cuando damos dinero estamos dando una parte de nosotros mismos.

En consecuencia, cuando alguien afirma: "¡Bah! Esa persona sólo da *dinero*; no da nada de *sí misma*", suele cometer una equivocación. Por supuesto que el amor, el afecto, la ternura, o simplemente *estar cuando te necesitan* son componentes esenciales del servicio. Pero también el dinero tiene su lugar.

Al fin y al cabo, en cualquier proyecto de servicio *alguien* paga los alimentos, las herramientas, el transporte, el alquiler, las publicaciones, los teléfonos, el alojamiento, las aspirinas, y todos los demás bienes y servicios necesarios para el servicio.

A veces, el dinero es tan importante en el acto de dar como el amor que lo inspira.

EL BIEN QUE PUEDES HACER NO TIENE LÍMITES SI NO TE IMPORTA QUIÉN SE LLEVA LOS LAURELES

> *Puede que las riquezas nos ayuden a otorgar favores, pero otorgarlos con total propiedad y gracia no tiene precio.*
>
> CHARLES CALEB COLTON

Como he señalado antes, damos primordialmente porque hacerlo se siente bien. El destinatario no es sino un espectador inocente.

Sin embargo, también existe otra dimensión en el servicio desinteresado: consiste en dar sin llevarse el crédito, sin pensar en recompensas, o en ser reconocido por el destinatario en particular o el mundo en general.

Parte de la diversión al dar es hacerlo de forma anónima, como el "Llanero Solitario", que nunca se quedaba para que le dieran las gracias, y así dejaba a la gente agradecida del pueblo preguntándose: "¿Quién será ese hombre enmascarado?". Yo prefiero hacer el bien, desaparecer y dejar a la gente preguntándose: "¿Quién será ese loco amoroso?".

¡Arre, Servicio, arre![4]

---

[4] *N. del T.: En inglés, "Hi-ho service, away". Se refiere a la voz de ánimo del Llanero Solitario a su caballo Silver, antes de partir en busca de nuevas aventuras.*

NO SIEMPRE UNA DEMOSTRACIÓN PÚBLICA ES INAPROPIADA

Deberíamos dar como si fuéramos a recibir: con alegría, celeridad y sin dudas, porque no tiene mérito el favor que se queda pegado en los dedos.

SÉNECA

A veces, una demostración pública de generosidad inspira también a otros a dar (o los avergüenza). No todo aquel que dona en público lo hace por hacerse famoso. Muchas organizaciones consideran que las donaciones bien publicitadas, especialmente si provienen de personas famosas, alientan también a otros a contribuir.

Elizabeth Taylor, por ejemplo. No era necesario que ella hiciera algo más para que su nombre quedara grabado por siempre en la historia del celuloide. Sin embargo, a mediados de la década de los ochenta, mucho antes de que fuera popular e incluso aceptable, ella decidió apoyar las investigaciones para encontrar una cura del SIDA, y cuidar (y dar cariño) a las personas con esa enfermedad. Ella se arriesgó y puso en juego su fama, su fortuna y su prestigio por querer servir.

Asimismo, la actriz Mary Tyler Moore, catalogada como una de las mujeres más ricas del mundo del espectáculo (según la revista *Fortune*), sigue apareciendo en público, cosa que ella no haría jamás sólo por dinero. Es portavoz de la Fundación para la Diabetes Juvenil y, en ese rol participa en eventos demostrando su entrega.

Jerry Lewis ha recaudado dinero para la Esclerosis Múltiple con mucha notoriedad durante años.

Hay muchas maneras de dar y de servir.

SÉ AMABLE CON LA GENTE POCO AMABLE—ELLOS SON QUIENES MÁS LO NECESITAN

No uses de excusa para no ayudar
la imprudencia del mendigo.

RABBI SCHMELKE

Hay personas que gastan mucho tiempo y energía para asegurarse de que aquellos que van a recibir sus donaciones *realmente* se lo merezcan y tengan la *actitud correcta*.

Francamente, si ellos tuvieran la *actitud correcta*, lo más probable es que no necesitaran tu donación.

Descubrirás que es mucho más divertido dar con libertad, ya que el corazón es tanto más grande que la mente.

Por cierto, una de las razones que tienen las personas generosas para querer aliviar las dificultades de otros es que ya existe demasiado dolor en el mundo.

La vida no es fácil para nadie.

Las personas sensibles sienten el dolor en carne propia. Los que sienten compasión son capaces de percibir el dolor en la vida de los demás. Los que sienten ese dolor, esa oscuridad, no tienen el menor deseo de aumentar aún más las tinieblas.

Las personas generosas por naturaleza quieren aliviar la carga, aligerar el peso y propagar la Luz.

SABER ESCUCHAR

Amar a nuestro prójimo en esencia significa simplemente ser capaz de preguntarle: "¿Qué problema tienes? ¿Puedo ayudarte?".

SIMONE WEIL

A veces, el regalo más grande es no decir nada. Escuchar a alguien durante diez minutos de una manera comprometida, compasiva y sin prejuicios, puede ayudar más que largas horas de "buenos consejos".

Cuando los demás sienten que están "a salvo" con uno, que pueden decir lo que quieran sin sufrir represalias o reproches, y sin miedo a que su confianza sea traicionada, no sólo encuentran consuelo al poder hablar de sus dificultades, sino que además, llegan a menudo a la solución por sus propios medios.

Las personas desprendidas, por ser compasivas, suelen estar más conscientes del sufrimiento en este mundo. Generalmente, las personas que generan sufrimiento no tienen conciencia de que lo hacen. "Inconscientes", parece ser el término que mejor las describe.

El desafío para las personas generosas, en un mundo que parece estar empeñado en la destrucción y el dolor, es seguir dando cueste lo que cueste.

Vale la pena el esfuerzo. Una sola vela puede contrarrestar significativamente la oscuridad.

EL DON DE LA SANACIÓN

*En la habitación de un enfermo, diez
centavos de compasión humana equivalen
a diez dólares de ciencia médica.*

MARTIN H. FISCHER

Algunos saben que tienen el don de sanar; algunos no están muy seguros; otros lo niegan.

Si eres auténticamente generoso, si te juegas por entero en nombre del altruismo, entonces eres un sanador.

Poniendo tu compasión, calidez, Luz y amor a la orden de aquellos que necesitan curarse a nivel físico, emocional, mental o espiritual, tú ayudas a que la sanación se lleve a cabo.

Bueno, puede que tu visita (llamada, tarjeta de saludos o el envío de la Luz) no logre una mejoría instantánea y completa, pero se produjo un restablecimiento mucho más grande porque tú dedicaste tu tiempo y pusiste tu intención en esa dirección.

No hay necesidad de preocuparse por el "cómo" realizar la sanación, sólo ve a dar. Lleva la Luz contigo y úsala para el bien mayor, y la mejoría se producirá para el bien mayor.

CUMPLE CON LA REGLA DE ORO

No le hagas a los demás lo que quieres para ti;
sus gustos podrían ser diferentes.

GEORGE BERNARD SHAW

Habían pasado más de cinco mil años de sabiduría clásica desde que Confucio había declarado: "No le hagas a los demás lo que no quieres que te hagan a ti", cuando Jesús estableció lo que comúnmente se conoce como la "Regla de Oro" al afirmar: "Todo lo que deseen que los hombres hagan con ustedes, así también hagan ustedes con ellos"; *[MATEO 7:12]*.

A menudo, estas palabras sabias se malinterpretan como: "Las cosas que me gusta que me hagan a mí, debo hacérselas a los demás". O más simple aún: "Lo que es bueno para mí, debe ser bueno para todo el mundo, les guste o no".

Tal como a nosotros nos gusta que nos "hagan" de una manera que nos permita disfrutar, aceptar y valorar lo que nos hacen, también nosotros debemos darle a los demás de una forma que *ellos puedan* disfrutar, aceptar y valorar.

Por cierto, no estamos hablando de sacrificar nuestros *principios*; es sólo que a veces al dar, debemos dejar de lado nuestras *preferencias* y pensar en el bien mayor de la otra persona.

LOS LAZOS QUE UNEN

Es posible que el servicio social más importante
que alguien pueda brindarle a la patria y a
la humanidad sea criar una familia.

GEORGE BERNARD SHAW

Para algunos, amar a su pareja y criar bien a sus hijos es el servicio más grande de todos.

Dios sabe que, aunque el éxito alcanzado en este sentido sea mínimo, es un servicio que dura para toda la vida.

Si has aceptado la monumental tarea de apoyar a un cónyuge y criar a una familia, no es necesario que busques nunca fuera de casa para prestar un servicio incesante, continuo y, podríamos añadir, cabal.

A menudo, los buenos esposos y los buenos padres son los héroes olvidados de nuestros tiempos.

EL MATRIMONIO, GRAN OPORTUNIDAD PARA PRESTAR UN SERVICIO INCONDICIONAL

Hogar es el lugar que cuando uno llega, tiene que recibirte.

ROBERT FROST

Probablemente, a aquellos que están casados se les haya dado una de las mejores oportunidades para crecer y brindar un servicio incondicional. Cuando te conectas con ese lugar interno de servicio que honra la divinidad de tu cónyuge, sin tomar en cuenta su personalidad, sus hábitos o cualquier discapacidad física que pueda tener, y simplemente lo haces por reverencia, es posible que descubras dentro de ti a una persona completamente diferente, a alguien cuyo karma ha dejado de presionarlo.

Tal vez, la idea de separarte de tu esposo o esposa sea maravillosa, pero también podría ser una decisión muy equivocada. Dejarás de cargar la mochila de la otra persona a todas partes, pero seguirás acarreando tu propio equipaje porque éste no se está aprovechado. Así que, no sería raro que luego atrajeses a un alcohólico, a un loco, o a un derrochador para casarte.

Creas a esa persona de modo que se manifieste en tu campo y tú puedas servirla para poder cumplir y despejar el karma.

Es probable que estés diciendo: "¡Buena cosa! Y ¿cuándo me van a servir a mi?". La respuesta es: "Cuando concluyas con el karma". Y si preguntas: "¿Cuándo va a ser eso?". La respuesta es que concluye cuando concluye.

Si sigues pensando que te iría mejor si tuvieras una relación íntima a nivel sexual, lo que tienes que comprender es que no debes comenzar una relación para satisfacer tus necesidades sexuales.

Te involucras en una relación por la armonía espiritual que sientes con otra persona con la que quieres comenzar a compartir tu vida.

Ese compartir implica que tú sirves a tu pareja y que ella te sirve a ti. Es un intercambio. De esa manera, el divorcio no representa una alternativa.

EL TRABAJO VOLUNTARIO

Nuestro mayor deber es que cuando alguien necesite nuestra ayuda de manera especial, debemos brindarle esa ayuda con todo lo que esté en nuestro poder.

CICERÓN

Servir a los demás es una forma de expresar gratitud y, de paso, de recibir gratitud.

Cuando sentimos la felicidad de ese recibir, ésa es nuestra naturaleza espiritual que nos retribuye, diciendo de esa forma que estamos en el camino correcto y en armonía con lo que hemos venido a hacer a esta vida.

Cuando servimos, se manifiesta un saber, una amorosidad, una expansión mayor en nuestra conciencia y aprendemos muchísimo.

Si tienes voluntarios a tu cargo, ¿qué podrías hacer para que su voluntariado se convirtiera en algo más enriquecedor y vigorizante para ellos? Puedo decirte que amarlos es la prioridad número uno.

Es sorprendente cómo un gesto de reconocimiento puede lograr maravillas, por más pequeño que éste sea. Por ejemplo, una simple nota de agradecimiento manuscrita o una palabra amable pueden ser de gran ayuda. Éstos son actos de amor, puesto que no sólo estás expresando palabras de amor, sino también demostrando con hechos que los amas y que te importan.

LA MÁXIMA EXPRESIÓN DE SERVICIO

Cuando envejecemos, sólo podemos arrepentirnos de una cosa, el no habernos entregado lo suficiente.

ELEONORA DUSE

La máxima expresión de servicio es incondicional. Incluso, si hiciera algo que no te agrada o si oyeras que estoy haciendo algo que no te gusta, sigue no existiendo razón alguna para que me prives de tu amor y de tu servicio. Ninguna. Cuando el servicio es incondicional, nos amamos y nos servimos unos a otros a toda prueba.

'Servicio', ante todo, significa estar simplemente con una persona de la manera más amorosa y cariñosa que puedas. Esto de hecho implica que hagas a un lado todos tus deseos, anhelos, necesidades y costumbres, y que sirvas a la persona que tienes frente a ti de acuerdo con las necesidades que ella tiene.

Habrá ocasiones en que digas: "No sé si estoy sirviendo o no". Simplemente sigue adelante y sirve de todas maneras. Otórgate el beneficio de la duda.

Cuando amas a Dios y sirves a tu prójimo, Dios es fiel y cumple con su promesa. Pero la promesa es espiritual, no es una promesa para el mundo material.

Es tan importante el fluir de energía al dar y recibir. Es de lo más maravilloso ser capaz de preguntar, tanto en una relación amorosa como en una relación de trabajo: "¿Hay algo más que pueda hacer por ti?", y que te salga desde el fondo del corazón.

¡HAZLO!

Todos los sentimientos más bellos del mundo
pesan menos que un simple acto de amor.

JAMES RUSSELL LOWELL

Nos enfrentaremos con todas las limitaciones de nuestra 'zona de comodidad' cuando llegue el momento de servir realmente. La zona de comodidad implica todas esas actividades que hemos hecho con tanta frecuencia que ya nos sentimos cómodos haciéndolas. Solemos sentirnos incómodos cuando servimos en un lugar nuevo, de una forma nueva o con personas nuevas. La sensación de incomodidad por lo general expresa emociones de temor, culpa, baja auto estima, sentimientos heridos y rabia.

Debemos estar preparados para experimentar estas sensaciones y *ponernos a servir físicamente de todos modos*.

A medida que empecemos a servir, el miedo puede convertirse en entusiasmo; la culpa, transformarse en la energía que necesitamos para hacer cambios en nuestro interior; la baja autoestima recordarnos que, sin importar qué, somos dignos de servir; los sentimientos heridos recordarnos cuánto nos importan los demás (debajo de todo sentimiento herido se oculta el cariño); y la rabia bien dirigida, convertirse en la energía para implementar el cambio positivo.

No esperes hasta que seas perfecto, no esperes que surja la oportunidad perfecta, no esperes poseer más para dar, no esperes a un destinatario más digno, no esperes hasta sentirte más cómodo, *no esperes*.

¡Hazlo!

¡Y HAZLO AHORA MISMO!

*La hazaña más pequeña sirve más
que la más grande de las intenciones.*

JACQUES-JOSEPH DUGUET

Si has leído hasta aquí y aún no tomas en cuenta nuestra propuesta anterior de dejar la lectura a menudo e ir a servir y a dar, éste podría ser un buen momento para dejar el libro e ir a servir y a dar.

Si sigues leyendo y todavía no actúas, permíteme recordarte la historia de una persona caritativa, terriblemente tímida, que quería desesperadamente hacer el bien a los demás, pero era incapaz de llevarlo a la práctica.

De alguna manera, ella siempre le permitía al miedo que fuera más poderoso que su necesidad de dar. A pesar de todo, un buen día vio a un pordiosero en una esquina y movida por la compasión, hizo de tripas corazón y garabateó "Buena suerte" en un billete de cien dólares y empujándoselo en la mano al hombre, desapareció rápidamente.

Al día siguiente, el hombre se acercó a la mujer y entregándole mil dólares le dijo: "Buen dato, señora. 'Buena Suerte' pagó diez a uno".

Así que, ahora mismo, antes de pasar a la siguiente sección, ponte de pie y anda a servir y a dar, aunque más no sea haciendo una llamada telefónica o escribiendo una tarjeta postal.

¡Y que lo disfrutes!

CUARTA PARTE
Servir y Dar a Dios

"El hombre descubre su propia riqueza
cuando Dios es quien le pide regalos a él".

RABINDRANATH TAGORE

¿CÓMO QUIERES CONTRIBUIR?

> *Vivimos muy cerca unos de otros, así que nuestro mayor propósito en la vida es ayudar a los demás. Y si no podemos ayudarles, por lo menos no los lastimemos.*
>
> DALAI LAMA

Una de las expresiones de servicio más gratificantes puede ser la de dar a Dios y a todo lo que Dios ha creado, independientemente del punto de vista que tengamos sobre Dios, o el nombre que le demos a la energía divina que nos respira y que sostiene toda forma de vida.

¿Cómo quieres contribuir? ¿A favor de una causa justa? ¿De un buen gobierno? ¿Con buenas obras? ¿A favor de organizaciones benéficas? ¿En pro de un mejor planeta? ¿Por un buen día?

Por supuesto, una manera de contribuir con todo lo bueno de la vida es enviándole la Luz. No obstante, cuando se trata de invertir tiempo, dinero, o energía, debemos elegir cuidadosamente.

Puedes entregarte físicamente a *cualquier* cosa que sea buena para ti, pero no puedes darle a todo lo que encuentres *bueno*.

Cuando servimos a los demás con amor y cuidado, y compartimos con ellos, es Dios haciéndole a Dios cosas divinas—brindando bendiciones de salud, riqueza y felicidad, abundancia, prosperidad y tesoros, amando, cuidando y compartiendo—pero más importante que nada, tocando. Tocar físicamente, emocionalmente, mentalmente y espiritualmente. Tocar; no aferrarse. Sólo la suave bendición de tocar.

En última instancia, tal vez lo único verdaderamente bueno sea Dios. Así que profundicemos un poco más en este tema en las páginas que vienen.

TU PROGRESO ESPIRITUAL

La recompensa más grande de servir a otros es la satisfacción que se halla en tu propio corazón. Las raíces de la felicidad crecen en lo profundo del terreno del servicio.

SAMSON R. HIRSCH

La acción del Espíritu siempre es de servicio, es generosa.

Si quieres saber dónde te encuentras en relación con tu progreso espiritual, observa tu capacidad de entrega.

Si deseas saber dónde te encuentras en relación con tu materialidad, observa lo que recibes y qué haces con ello.

Crecemos físicamente ingiriendo comida, agua y aire para nuestro cuerpo.

Crecemos emocionalmente cuando recibimos amor, apoyo y estímulo, especialmente en épocas difíciles, cuando alguien nos dice amorosamente: "Vamos, levántate; sé que puedes hacerlo". Y nosotros nos ponemos de pie y lo logramos, y crecemos, maduramos.

Crecemos mentalmente siendo educados, absorbiendo información, aprendiéndola, memorizándola, convirtiéndola en parte de nuestro carácter.

Así pues, tomando es como crecemos física, emocional y mentalmente. Sin embargo, como crecemos espiritualmente es dando.

Das a nivel mental al compartir con otros lo que has aprendido. Das a nivel emocional amando y apoyando a las personas. Das a nivel físico al brindar servicio, ayudando a otros. Por lo tanto, es a través de esa entrega que creces espiritualmente y conoces al Bienamado en ti y en los demás.

Nadie tiene que decirte en dónde te encuentras en relación con tu progreso espiritual. Tú mismo puedes observar tu vida y sacar tu propia conclusión.

ESCOGE HOY A QUIÉN SERVIRÁS

Las grandes oportunidades se presentan rara vez, pero estamos rodeados de pequeñas oportunidades a diario.

SALLY KOCH

Puedes servir a tu vanidad, servir a tus juicios, o servir a Dios, tu Creador.

Tendrás que renunciar a no sentirte lo suficientemente bello, lo suficientemente talentoso, o lo suficientemente meritorio, porque ser común y corriente es la condición previa para llegar a Dios, y no la belleza, el talento, o el mérito.

Yo no escojo a quién vas a servir tú. Sólo escojo por mí. Como dice la Biblia: "Escoge hoy a quién servirás... que yo y mi casa serviremos al Señor"; [JOSUÉ 24:15].

No es algo bueno o malo, eso queda entre tú y Dios, y no es de mi incumbencia. Eso es asunto tuyo.

¡Cielo santo! Haz lo mejor que puedas, por muy malo que te parezca. ¿No es que lo único que podemos hacer sea hacerlo lo mejor que podamos? Así que, comienza simplemente; mejorarás a medida que vayas avanzando.

EL MENSAJE DEL CRISTO

Una de las cosas más sorprendentes que jamás se hayan dicho en este mundo es la declaración de Jesús: "El que es el mayor de vosotros, que sea vuestro siervo"; [MATEO 23:11)

Realmente nadie tiene ni una oportunidad en un millón de ser recordado como alguien grande después de pasado un siglo, excepto aquellos que han sido sirvientes de todos. Ese loco realista de Belén lo sabía.

HARRY EMERSON FOSDICK

Cristo es perdón. Él es 'per-donar'. Jesús dijo: "Vengo a servirte". Y servir, ¿no es donar?

¿Por qué habló Cristo de ir a servir a su pueblo, de impartir este mensaje a su pueblo? ¿Cuál es el mensaje?

Dios ama a toda su creación.

Todo lo existente proviene de Dios.

La mente que está en Jesucristo es la misma mente que puede existir en ti, porque está allí lista para ser despertada.

Despierta las facultades positivas en ti y perdona todos los actos –buenos o malos– de los demás hacia tu persona, y vive con ese sentimiento amoroso de mirar a las personas como si vieras también al Cristo hecho carne en ellas y a través de ellas.

SERVIR AL SEÑOR EN TODAS LAS PERSONAS

*La fragancia siempre permanece
en la mano que da la rosa.*

HEDA BEJAR

Podemos hacer desaparecer gran parte de nuestras diferencias con una conversación amistosa.

Y si tenemos que gritarnos para superar algo, está bien; gritemos entonces, pero cuando terminemos, abracémonos, riamos y compartamos nuestro pan.

Practica todas esas cosas que sabes curan las heridas y los rencores. No importa que la otra persona lo acepte o no. Hazlo por ti. Sólo así serás libre.

También es posible que, años más tarde, esa persona acepte tu gesto amoroso y que entonces te dé las gracias. Tú no sabes lo que ella está en condiciones o no de aceptar en estos momentos. Pero sírvela hoy porque ahora no te cuesta nada hacerlo.

No te impongas insistiendo en que el otro debe recibir tu servicio de cierta manera o que tienes que decir determinadas palabras. Sólo deja que tu corazón exprese su verdad—no *la* verdad—sino *su* verdad de amor y cariño, sin detallar todo lo malo que la persona te haya hecho y por qué estás siendo magnánimo con ella.

Creo que entonces descubrirás que tu vida puede adquirir realmente esa cualidad que afirma: "Estoy sirviendo al Señor en todas las personas". Será maravilloso, porque estarás en el cielo mientras caminas sobre la Tierra.

SIRVIENTE DE LA MATERIALIDAD O SIRVIENTE DEL SEÑOR

Lo que un hombre hace por otros—no lo que ellos hacen por él—le otorga la inmortalidad.

DANIEL WEBSTER

Me despierto en la mañana y vuelvo a elegir. Todos los días elijo. Y cada día se llama: "Escoge hoy a quién vas a servir"; [JOSUÉ 24:15]. ¿Sirves a "Mammón", la materialidad, o sirves al Señor?

Ahora bien, materialidad no significa necesariamente dinero. El dinero es inocuo, neutral y sólo es un medio de intercambio. Y lo material no es malo, utilizado correctamente. 'Materialidad' son las cosas físicas en la vida que pueden ser usadas para servir al Señor. Sin embargo, durante demasiado tiempo este planeta ha sido el lugar en donde lo material es amo y señor, y los seres humanos han estado al servicio de dicha materialidad. Es una senda descendente; basta con mirar.

Ves, yo no tengo conflicto alguno con la materialidad en mi vida. Ella está al servicio de mi propósito en la vida y la adjudico en servicio, así que mi vida lleva una sola dirección. Eso hace las cosas más fáciles, más alegres y más sanas; y rara vez resultan aburridas.

Si el Señor entrara en la habitación ahora, ¿cómo nos serviríamos a nosotros mismos y al Señor, y a todos los que se encontraran aquí? Creo que lo haríamos con sobrecogimiento, con reverencia, con amor, con cariño y asegurándonos de que todos estuvieran bien. Sin herir ni dañar a nadie. Como verás, es un estado muy fácil de asumir y relajado.

Así es como podemos vivir nuestra vida. Sin esfuerzo. El esfuerzo hay que ponerlo en cambiar nuestro condicionamiento y nuestros hábitos que nos hacen creer que es difícil. Puedes servir con tu próxima bocanada de aire.

EL PLAN MAYOR

No conozco a ningún hombre que sea grande, excepto aquellos que han prestado un servicio a la humanidad

VOLTAIRE

En el plan mayor no existe un "líder" ni tampoco "seguidores", sólo existen los que sirven.

Dios es un servidor, un altruista y un hacedor. Así que, cuando estamos verdaderamente alineados y somos consecuentes con nuestro verdadero ser, nuestra expresión natural es servir, hacer y compartir. En ese estado de conciencia, el amor y el cuidado se manifiestan hacia el exterior y tocan a otros.

La gente seguirá esa cualidad en una persona mucho más que lo que seguiría a alguien que dice cosas bellas y recita poesías, o exhibe sus credenciales académicas sobre una tarima, y dice: "Ven; sígueme".

A eso, nosotros contestaríamos: "No gracias; vamos a seguir a esta otra persona, que aunque no haya dicho una palabra en veinte años, cuando estás cerca de ella tienes la certeza de que todo está en orden y que sabe lo que está sucediendo".

¿Te das una idea de lo poderosa que puede ser el Alma cuando permites que su presencia brille, incluso en el silencio?

LA RESPONSABILIDAD DE LA CONCIENCIA SUPERIOR

Aquellos que hacen brillar el sol en la vida de otros no pueden evitar que éste también los alumbre a ellos.

JAMES M. BARRIE

Hay personas que quieren alcanzar una conciencia superior para poder sacar ventaja de los demás.

Pero la conciencia superior trae aparejada una responsabilidad, que es que cuando la alcanzas, debes empezar a servir a las personas en este mundo. (Por lo general, yo elijo mis palabras cuidadosamente y la palabra "debes" no la uso muy a menudo).

Esto no significa que tengas que salir a predicar o que debas asumir una actitud evangelizadora o fanática. Simplemente sé el ser espiritual que ya eres.

A medida que avances por el mundo con esa conciencia superior, aquellos que necesiten ser servidos te lo harán saber. No recurrirán a ti cuando tú tengas ganas de servir, sino que te buscarán en el momento que ellos consideren oportuno y de acuerdo con su necesidad.

Cuando eres tú quien pide ayuda, ¿te gusta que Dios responda de inmediato? ¿O crees que Dios debería hacerlo de acuerdo a un horario o siguiendo el orden alfabético… y tu nombre comienza con "zeta"?

No; tú prefieres que cuando supliques: "¡Dios mío, ayúdame!", Él te responda: "¡A tus órdenes!".

Si es así como deseas que te traten, así es como debes estar preparado para servir a los demás, porque a ti te corresponden con tu misma moneda. Si tú sirves con amor y cariño, adivina cómo te corresponderán: con amor y cariño.

SERVIR EN NOMBRE DE DIOS

Para brindar realmente un buen servicio debes agregar algo que no se puede comprar o calcular con dinero, y es sinceridad e integridad.

DOUGLAS ADAMS

Dios está aquí y ahora, en este instante, y sólo sustenta el paso que das en el presente.

Si te preguntas si tendrás suficiente entusiasmo en tres semanas, no lo sé. ¿Qué vas a estar haciendo dentro de tres semanas? ¿Durmiendo todo el día? Para dormir no necesitas entusiasmo.

Pero cuando te levantes para salir, podrás pedir que esa energía de entusiasmo te acompañe.

Y la forma en que nosotros logramos eso es haciendo todo en nombre de Dios.

Así que, en la mañana nos levantamos y decimos: "Señor, hoy haré todo en Tu nombre y sólo en Tu nombre es que lo hago todo, y por Ti y lo que Tú quieras que yo haga por Ti. Estoy aquí para servirte a Ti y a Tu gente".

Eso es hacer las cosas en nombre de Dios.

Puede que ese día no haya mucho que hacer, porque la mayor parte de Su gente no está dispuesta a hacer lo necesario para trasladarse al lugar en que eso puede darse.

Sin embargo, cuando lo hagan, tú estarás listo para servir.

PLANTAR COLUMNAS DE LUZ

Los hombres son ricos en la medida en que dan.
Aquellos que brindan un gran servicio,
obtienen grandes recompensas.

ELBERT HUBBARD

Hace algunos años en Nueva York, un grupo de personas que portan la Luz acostumbraban a reunirse todos los domingos y colocaban columnas de Luz a la salida del metro y en los trenes subterráneos mismos. E iban a los parques y las colocaban allí y después hacían fiestas en el parque.

Una de las últimas veces que volé a Nueva York me asomé por la ventanilla del avión y exclamé: "¡Cielos! Que niebla tan tupida cubre la ciudad. Hay una niebla blanca sobre toda la isla de Manhattan". Entonces, limpié la ventana y, tomando distancia, miré de nuevo para descubrir que todas las columnas de Luz plantadas a través de la ciudad se alzaban muchos kilómetros por encima de ella. Se podía ver cómo ese halo de Luz blanca se extendía por todas partes, y comprendí que era obra de esos portadores de la Luz.

Algunas veces se reunían de a cuatro para salir tan sólo a colocar una columna de Luz. ¿Cómo colocaban una columna de Luz? Cerraban los ojos y algunos simplemente imaginaban o visualizaban un gran pilar de Luz color blanco delante de ellos. Y decían una pequeña oración, pidiéndole a Dios que colocara una columna de Luz allí. Porque sabemos que nosotros no tenemos esa habilidad. Pero Dios sí la tiene.

LA VOLUNTAD DE DIOS

*Dormí y soñé que la vida era alegría,
desperté y vi que la vida era servicio, serví
y descubrí que el servicio era alegría.*

RABINDRANATH TAGORE

Podemos servir desde un lugar en donde impera la voluntad de Dios, poniéndonos a la orden de Dios.

La voluntad de Dios es amar a todos los seres, ser útil a todos los seres y servir a todos los seres, sin preguntar: "¿Cuándo me toca a mí?".

En el acto mismo de servir estás recibiendo lo que te corresponde a ti. Pero si vas a servir para recibir tu parte, no la conseguirás nunca porque servir por interés es un enfoque negativo de servicio. La acción positiva es servir simplemente, sin poner condiciones. De esa manera, la recompensa está naturalmente implícita en el acto de servir, porque surge desde ese lugar de pureza.

Estamos enfrentados continuamente al desafío de elegir en cuál realidad del Espíritu queremos vivir: ¿en la realidad reflejada, que es Espíritu en el mundo natural, o en la realidad no-reflejada que es invisible, pero que es el verdadero Espíritu adentro?

Cuando sirves a los demás desde esa realidad invisible, creces y te sirves a ti mismo automáticamente. Estarás cosechando un campo lleno de flores hermosas, porque habrás hecho buenas obras (obras de Dios).

Si sirves para ser reconocido o admirado estarás sembrando maleza; ella crece espontáneamente también. No culpes a quienes reciban las flores. Tal vez sientas que tú hiciste exactamente lo mismo que ellos, y probablemente haya sido así… físicamente, externamente.

Pero internamente fuiste deshonesto, ya que serviste buscando reconocimiento. Por dentro estabas siendo negativo y juzgabas, pero nadie se daba cuenta al mirar tu cara, porque sonreías tan bonito y actuabas con tanta espiritualidad.

Sin embargo, el Espíritu dentro de ti no se deja engañar jamás.

EL NIVEL SUPERIOR DE SERVICIO

Como yo lo veo, la base que sustenta todo cambio positivo es el servicio a nuestros semejantes.

LECH WALESA

Es fácil establecer la diferencia entre el nivel inferior de servicio y el nivel superior de servicio.

El nivel superior tiene unidad, utilidad y gusto.

No significa que digas que oyes una voz del nivel superior y que te manda a hacer servicio. Eso sería egolatría.

Hay personas que participan en proyectos de servicio comunitario y al día siguiente revisan el periódico para ver si aparece su nombre. Hay otros a quienes no les importa, porque saben que si reciben una recompensa afuera, no la reciben donde verdaderamente cuenta: dentro de ellos. Es adentro en donde sientes la dicha de haber estado al servicio de la unidad de todos nosotros.

Las personas que persiguen la unidad en sentido ascendente son distintas, porque de ellas irradia una Luz brillante. Hay una verdad que habla por su voz. En sus palabras escuchas algo especial y no es la terminología que utilizan, sino la energía de sus palabras. Ella activa ese lugar dentro de ti que está abierto a la inspiración.

LO MÁS GRANDE QUE PODEMOS HACER

Una gota de agua hace crecer el océano; una chispa de fuego pude iluminar el mundo. Nadie es demasiado pequeño, demasiado débil o demasiado pobre para no prestar un servicio. Piensa en eso y actúa.

HANNAH MORE

Lo más grande que podemos hacer aquí en el plano físico es —y voy a usar la palabra "total"—estar al total servicio de otro ser humano.

Esto implica que te debes haber servido totalmente a ti mismo primero.

Y si dos horas de ejercicios espirituales, o de meditación son necesarias para ello, entonces debes hacerlas. Y si te basta con quince minutos, pues eso es lo que haces.

DIVINA NORMALIDAD

Estaría bueno que el ideal de éxito se reemplazara por el ideal de servicio.

ALBERT EINSTEIN

Cuando estamos a merced de Dios y cumplimos con la voluntad de Dios, nos hallamos en un estado lleno de amor y de cariño. Estamos siendo útiles a los demás y les brindamos servicio. Somos compasivos y caritativos, cualidades que emanan de nosotros, sin siquiera notarlo.

Es cuando la gente te dice: "¡Vaya! Tú sí que eres generoso y tienes tanto amor", y tú puedes contestar: "¿Cierto? No lo sabía. Sólo estoy siendo yo mismo. No es gran cosa".

Alguien que no está en contacto con esa normalidad divina no será tan abierto. Cuando le dicen que está dando un servicio realmente espectacular, esa persona responde: "Sí; yo soy muy bueno en eso", lo que demuestra que el ego está haciendo de las suyas, y la calidad de la acción comenzará a decaer.

Una cosa es reconocer lo que haces de manera neutral y con base en los hechos y otra, reivindicarlo para engrandecer tu ego, diciendo en efecto: "¡Mira qué grande soy! Mira lo que hago por ti. Qué suerte tienes que yo te esté ayudando".

HIJOS PRÓDIGOS SOMOS TODOS

La felicidad no puede venir desde fuera. Viene de adentro. Lo que nos hace felices no es lo que vemos y tocamos o lo que los demás hacen por nosotros, sino lo que pensamos, sentimos y hacemos, primero por nuestros semejantes y luego, por nosotros mismos.

HELEN KELLER

Todos somos hijos pródigos, porque muchos somos los que sentimos que hemos sido expulsados del reino de Dios y queremos volver a él y ser parte del mismo.

Cuando hacemos servicio aquí en este mundo, de hecho es mucho mejor que ser alguien en cualquier otro lugar, porque cuando somos servidores unos de otros, estamos en la casa del Padre.

Así que, incluso cuando las cosas están de lo peor, a nosotros nos va realmente bien si somos útiles. Cuando servimos, el peor momento nuestro es superior al mejor momento de los demás; es motivo de celebración y de fiesta, celebrando la alegría de vivir y de poder compartirla con los demás. Es una emoción profunda, un sentimiento extraordinario, sque nos cala muy hondo. Esa es su naturaleza. Si eres de los que sienten profundamente, vas a amar profundamente. Vas a ser de aquellos que cuando deciden algo, la gente puede contar con que allí estarán.

Muchas de las personas que se ofrecen de voluntarios para hacer el trabajo del Espíritu lo hacen mejor que la gente a la que se le paga por hacerlo, porque ellas lo hacen por la alegría de servir y porque quieren. Los empleados suelen hacerlo sólo por el dinero. ¿Entiendes que hay una diferencia verdadera? En los voluntarios existe una mayor disposición a servir incondicionalmente en la "casa del Padre".

SERVIR, UN PUENTE HACIA LA GRACIA

La vida de un ser humano no consiste en tener visiones o en soñar sueños, sino en ejercer una caridad activa y en hacer servicio voluntario.

HENRY WADSWORTH LONGFELLOW

Si los tiempos se ponen difíciles, no hay necesidad de clamar a Dios; sólo se necesita tener la gracia de amar a Dios. Dicho amor comienza a transmutarte y a purificarte una vez más como príncipe o princesa de la conciencia superior, y tú empiezas a alcanzar nuevamente esa majestuosidad púrpura y esa realeza de tu ser.

Y, a menos que le des la espalda a ese esplendor, empezarás a servir en el mundo, porque ese servicio afianza el puente hacia la gracia. Tú me has oído decir que no existe una conciencia más elevada en el planeta que la del servicio. Eso no implica necesariamente fregar pisos. Implica estar junto a la persona que está a tu lado para elevarla, quizás incluso, silenciosamente.

SERVIR MULTIDIMENSIONALMENTE

El propósito de la vida es vivir una vida con propósito.

ROBERT BYRNE

No me interesa ser capaz de controlar mi destino. Lo que quiero es cooperar tan estrechamente con el Espíritu que se vea o parezca que yo tengo el control, aunque en realidad no sea así.

Pero también es cierto que, en una cooperación tan estrecha con el Espíritu, se produce una unidad tan grande que yo podría afirmar que tengo el control, porque he convertido al Espíritu y a mí en una misma cosa.

En ese punto, el Padre y yo somos uno. No hay diferencia alguna. Y entonces, poco me importa la opinión de los demás o si tengo o no el control, porque estoy conectado con la energía que va de regreso hacia el corazón de Dios.

VER A DIOS

La mayor demostración de caridad es la misericordia con lo poco caritativo.

J. S. BUCKMINSTER

¿Es posible ver a Dios? Absolutamente. De hecho es de lo que yo me ocupo, de decirle a la gente que Dios existe para que ellos puedan ver a Dios.

Por supuesto que podrías pensar que tienes que ser alguien extraordinario para poder ver a Dios, pero tal vez no sea necesario ser extraordinario, sino simplemente muy común y corriente.

Es posible que siendo amoroso y bondadoso puedas ver a Dios en el amor y en el cuidado. Y cuando haces servicio por otros, podrías ver a Dios en el servicio.

Sé que puedes sentir a Dios en la dicha que brota en tu interior cuando superas algo que te ha venido distrayendo de tu propósito de vida.

Cuando a esa distracción se le asigna el lugar que le corresponde, sin destruirla necesariamente, la negatividad que tenía se transforma en algo positivo; es decir, lo que antes estaba dividido, ahora está integrado; lo que antes era terrible, ahora es maravilloso.

Y realmente nada cambia, excepto tu actitud.

LA GLORIA DE DIOS

La plegaria en acción es el amor y el amor en acción es servicio. Hemos de procurar dar de forma incondicional lo que una persona pueda necesitar en un momento dado. La cuestión es hacer algo—por nimio que sea—y demostrar a través de nuestras acciones que nos interesamos, ofreciendo nuestro tiempo.

MADRE TERESA

El día que descubrí que "la virtud es una recompensa en sí misma", sentí que ésa era la primera vez que estas palabras habían sido pronunciadas en el planeta. Mi intención fue grabarlas en bronce y ponerles mi nombre, pero con el tiempo me enteré de que alguien más las había dicho, muchos años antes. Y siendo eso algo nuevo para mí, no me importó. Así fue como descubrí ese hermoso lugar dentro de mí que está colmado de Espíritu.

Entonces comprendí que el Espíritu es una recompensa en sí misma. Que la felicidad es una recompensa en sí misma. Que la capacidad de amar es una recompensa en sí misma. Que la capacidad de servir es una recompensa en sí misma. Que la capacidad de dar es una recompensa en sí misma. Que la capacidad de recibir es una recompensa en sí misma.

Repentinamente tuve la claridad absoluta de que es dentro de mí dónde se desarrolla la orquestación completa de la creación. Si hago las cosas para obtener una recompensa, para ser reconocido, o para recibir elogios de cualquiera en el mundo exterior, lo estoy haciendo *completamente* al revés. Así que empecé a hacer las cosas por mí, y he comprobado que ése es el mejor enfoque. 'Amar al prójimo como a ti mismo' implica que tienes que amarte a ti también para *poder* amar a tu prójimo.

Comprendí que yo también era responsable de amar al prójimo dentro de mí, y eso lo sentí como una ráfaga de aire que llegaba desde los Cielos. La sensación de saber y poder afirmar: "Sí;

ha habido ocasiones en que he cometido errores, pero estoy en la gloria de Dios", fue realmente hermosa.

Entonces lo entendí: todo el mundo está en la gloria de Dios, todo el mundo está allí.

DÓNDE DOS O MÁS ESTÁN REUNIDOS

Triunfa aquel que devuelve el bien por el mal.

THOMAS FULLER

No se trata simplemente de que dos o más personas estén reunidas "en mi nombre", sino que, ¿puedes imaginarte lo que sucede cuando la energía de reunirse "en mi nombre" se hace con el enfoque de ser amorosos? Dios no puede mantenerse a distancia. Simplemente atraes al salón al espíritu del amor por tu intermedio.

No solamente nos amamos los unos a los otros, sino que además nos honramos, nos respetamos y nos damos espacio para que todos podamos crecer. Es la manifestación de lo sagrado expresado como "no a mi manera, Señor, sino a la Tuya".

Cuando la manera del Señor se convierte en tu manera, puedes sonreír porque sabes que lo lograste y que ya llevas mucho adelantado.

Ves el rostro de Dios en todo lo que te rodea.

El amor de ver a Dios es el amor que yo enseño.

SERVICIO SIN ESFUERZO

Vive simplemente para que los demás simplemente vivan.

ELIZABETH SEATON

Una cosa es hacer servicio como un medio para conseguir una recompensa: "Estoy haciendo servicio, observa, mírame, estoy haciendo servicio". Ése es un mecanismo de recompensa.

Otra cosa es hacer servicio como un acto de amor que surge del corazón.

El Padre-Madre-Dios se hace presente en ti y de hecho comienza a cumplir con tus funciones y tu servicio a través de tu ser. Sientes que lo haces sin esfuerzo. Experimentas que se desarrolla mejor de lo que jamás esperaste. Y compruebas que se completa antes de lo previsto.

SERVIR AL ESPÍRITU

Todos, consciente o inconscientemente, le prestamos servicio a nuestro prójimo. Si cultivamos el hábito de servir deliberadamente, nuestro deseo de servir se irá haciendo progresivamente más fuerte, generando no sólo nuestra felicidad sino la del mundo entero.

MAHATMA GANDHI

Hay un versículo en la Biblia que dice que nadie "puede servir a dos señores" (a Dios y a "Mammón"); [LUCAS 16:13]. Y "Mammón" puede representar cualquiera de las cosas a las que le damos más importancia que a Dios, como las dudas y las preocupaciones que nos invaden. Por eso, cuando estas áreas de contracción se convierten en el foco de tu atención, eso implica que le robas tu atención a Dios y que la pones en áreas de la personalidad y de lo material de este mundo. Y que, de hecho, estás adorándolas.

Todo lo que tienes que hacer es decir: "Lo admito; he estado al servicio de eso y doy por terminada esa forma de servicio. Ahora voy a servir en una vibración más elevada. Voy a servir al Espíritu".

En todo esto no hay crítica. Todos tenemos actitudes similares, a veces cuando se genera una necesidad práctica de hacerlo. Cuando el coche se está quedando sin gasolina, lo llevamos a la estación de servicio y lo llenamos. Pero la imagen del tanque vacío no se mantiene como eje central en tu mente. Llenas el tanque y dejas de preocuparte de que podrías quedarte sin gasolina. Punto final.

Todo radica en tu actitud y no en la mecánica de lo que haces. Completas lo que hace falta y ahora eres libre para servir a la forma del Espíritu. Cuando el tanque esté próximo a acabarse, te detienes, le haces el servicio y a continuación te enfocas nuevamente en servir al Espíritu.

Eso es espiritualidad práctica.

LO SAGRADO DEL SERVICIO

El simple hecho de ayudarle a alguien—sin el ánimo (o la posibilidad) de recibir nada a cambio—nos hace bien y sube nuestra autoestima, ¡además de que puede cambiar positivamente la perspectiva de quien lo recibe ese día!

KEVIN EIKENBERRY

Puedes habitar para siempre en la casa de Dios, porque es allí donde estás viviendo ahora.

Sólo ocurre que estás afuera, en los aposentos del servicio. Pero habitualmente puedes entrar a la casa principal.

Estar en los aposentos del servicio tiene una consecuencia y es que estás allí para servir. Esto implica una disposición a servir y a hacer lo que sea que se te pida como servicio.

Si se te ha dado a esa bella persona—llamada tu esposa o esposo—para que la sirvas, ¿por qué pedir entonces que ella se siente en otra mesa? ¿Por qué no te alegras de que servir en la casa del Señor y alimentar al ungido sea una bendición que va más allá de las palabras?

Sí. Tú estás bendecido más que nadie, porque a ti se te da la oportunidad de servir desde ese lugar sagrado del dar y el amar.

Necesitas corregir tu actitud para que puedas habitar efectivamente en la casa del Señor.

Él te está esperando.

CUIDAR BIEN DE TI MISMO

La dicha puede ser una realidad sólo si las personas consideran su vida como un servicio y tienen una meta de vida definida, ajena a ellos mismos y a su felicidad personal.

LEÓN TOLSTOY

Si estás deprimido, decaído o andas con una actitud negativa, comienza a cuidarte mejor y así te alejarás de lo que te coarta, te limita y te confina, para que entonces tengas la libertad de ponerte al servicio de los demás.

Te has servido a ti mismo cuando te sacas de lo negativo y pasas a un estado neutral o positivo.

La mayoría de la gente usa el concepto de cuidar de sí mismos como una manera de tenerse autocompasión o de actuar de una manera malcriada. Se entregan a los placeres sensoriales en lugar de liberarlos y ponerlos al servicio de Dios, lo que entonces se convertiría en aquello que los podría liberar.

Así, cuando surja la negatividad manifestada en desaliento, falta de autoestima o celos, podrás decir: "Está bien; aquí estás", y harás las paces con ella en lugar de juzgarla y de juzgarte a ti mismo por hacer un juicio negativo contra ella y haberte mandado de golpe a la cárcel. Debes educar a tus aspectos negativos. No es necesario que los erradiques. Si los amas, ellos se pondrán a tu servicio.

Descubrirás, entonces, que ya no eres esclavo de nada ni de nadie. Estás al servicio del Señor. Y puede que el Señor te mueva de una manera que los demás no entiendan; así que no permitas que las personas te manipulen para que lo hagas a su manera, si la manera de ellas no te lleva en la dirección que quieres ir.

He descubierto en mi trabajo que, cuanto más sirvo, más oportunidades tengo de servir, lo que a su vez implica más oportunidades de crecer y de experimentar la Luz de Dios en todo con mayor plenitud. Es simplemente un proceso natural y progresivo.

Cuando encuentro una restricción o limitación, ya sea en mí mismo, en otro o en el mundo, no lo veo como algo negativo. Lo tomo como algo que puedo dar vuelta, encararlo y examinarlo.

Hago las paces con eso y entonces sigo adelante.

DIOS ES MI SOCIO

No el que hace planes y promesas, sino más bien el que ofrece un servicio leal en cosas nimias. Esa es la persona que tiene más posibilidades de lograr cosas buenas y duraderas.

GOETHE

Si estoy trabajando con Dios como socio mío, le explicaría a la gente que mi pericia se basa en la honestidad y la integridad del Espíritu de quién soy yo, y que es mi bendición.

Me definiría como una persona que cree efectivamente en la Providencia, en la divinidad, en Dios, en Cristo (sea cual sea el término con que se identifique la persona con la que estoy hablando).

Yo no evitaría que la gente se enterara de que Ése es el Presidente de mi Directorio, y que todo el servicio que brindo lo hago bajo esa dirección espiritual, para que pudieran apreciar el servicio y el bien que estoy haciendo.

Donde la gente podría pensar que los demás avanzan sólo porque son deshonestos, verían que yo avanzo porque hago buenas obras. Y que las hago siguiendo las direcciones del Espíritu—mi Preceptor en todo lo que estoy haciendo.

Mis buenas obras serían entonces una demostración de eso. Y si la gente no quiere creerlo, yo decidiría trabajar con otras personas. Respetaría que ellos tuvieran su propio sistema de creencias. Y si me creyeran deshonesto, supongo que simplemente tendría que permitir que creyeran eso, y yo seguiría haciendo buenas obras.

Por lo tanto, no veo ningún conflicto entre hacer cosas mundanas y seguir buscando a Dios. Yo sólo te diría que convirtieras a Dios en tu socio en todo lo que te propongas.

SERVIR AL BIENAMADO

La gran lección que hay que aprender en la vida es que es necesario dar de lo que le sobra a uno para llegar a ser abundante dentro de uno mismo alguna vez.

WALTER RUSSELL

Un ejemplo de servicio incondicional es ofrecer tu tiempo y hacer lo que haya que hacer como si se te pagara, pero sin recibir reconocimiento, pago o agradecimiento alguno. De esa manera sirves por tu Espíritu—por el Bienamado.

Entonces, la capacidad de hacer te otorga la capacidad de hacer más. Sirves a la gente con amor y cariño, y compartes desde el corazón con el mundo. Cuando lo haces así, te alimentas tú también. Si la comida tiene un sabor amargo, eso quiere decir que no hiciste servicio realmente. Actuaste como si hicieras servicio. Dijiste: "Admírenme. Estoy fregando el piso".

Te haría mejor si sirvieras de noche, cuando no haya nadie que te esté viendo. De manera que cuando la gente llegue al trabajo en la mañana, y vea los pisos limpios y brillantes y no sepa quién los limpió, tú recibas el reconocimiento en el espíritu.

Cuando obtienes el reconocimiento a nivel físico, expresado como: "¡Bravo! Hiciste un trabajo maravilloso, qué fantástico", has recibido todo lo que esa acción puede darte. Tienes los elogios de los seres humanos y eso no cuenta para tu alma. Así que, por último, siéntete bien al respecto, porque eso es todo lo que sacarás de la acción.

LA ACCIÓN DEL CRISTO EN EL MUNDO

Todos somos hijos de Dios, así que es importante compartir Sus dones. No te preguntes por qué existen problemas en el mundo; simplemente responde a las necesidades de la gente... Nosotros sentimos que lo que hacemos es una gota en un océano, pero ese océano sería más pequeño sin esa gota.

MADRE TERESA

¿Para qué tratar de hacer descender la Luz del Cristo desde el Reino de los Cielos hasta el mundo físico? ¿Para que las personas sepan lo encantador y maravilloso que eres y te amen y te veneren? Ese enfoque tiene que estar equivocado. Yo quisiera esa Luz para poder prestar un servicio más grande aún. Ese tipo de servicio no tiene una determinación horaria, así como tampoco especificación alguna. Es lo que sea que se presente.

A veces, debido a nuestras circunstancias, tenemos dificultades para conseguir esa Luz del Cristo. Jesús no tenía ese problema; a Él le llegaba tan rápido que le costaba mantenerla adentro. Cuando Jesús caminaba entre las personas, éstas experimentaban sanaciones espontáneas. Incluso, cuando algunos de los discípulos caminaban al sol y éste brillaba a través de sus cuerpos, ellos proyectaban una sombra en la persona que estaba enferma, la que se mejoraba gracias a la fuerza transportada en esa sombra. Está más que claro que eso demuestra algo bastante poderoso. Lo que quiero decir es, ¿cuántos de ustedes han proyectado su sombra en las personas y éstas se han mejorado?

¿Entiendes el poder del que estamos hablando? El mismo poder que tenían los discípulos—si hemos de creer en lo que dice la Biblia—tú lo tienes también. Jesús dijo: "De cierto os digo, el que en mí cree, las obras que yo hago también él las hará y mayores aún, porque yo voy al Padre"; [JUAN 14:12]

Ahora bien, o Él decía la verdad o mentía. Si mentía, no debes volver a citar Las Escrituras, pero si decía la verdad, sería bueno que te pusieras en acción y reclamaras para ti lo que Él afirmó.

Esta reivindicación se hizo exactamente de la misma manera hace más de 2000 años. Se dijo: "Escoge hoy a quién servirás... que yo y mi casa, serviremos al Señor"; [JOSUÉ 24:15].

Servir, servir, servir. Debemos ponernos de pie e ir a hacerlo. Cuando nos levantamos de la silla, el Espíritu se nos une en el punto de nuestra acción, así que podemos poner un pie adelante del otro y servir.

Pienso que cuando servimos así, encontramos al Cristo más fácilmente que cuando hacemos cualquier otra cosa. ¿Cómo podemos experimentar eso de "vosotros sois mis discípulos"? Amándonos los unos a los otros. ¿Cómo podemos saber que de hecho nos estamos amando los unos a los otros? Porque nos ayudamos y nos hacemos servicio recíprocamente. Trabajamos juntos y nos apoyamos entre nosotros.

Y las demás admoniciones también han sido especificadas, como la que dice que no debemos juzgar a los demás.

Si queremos al Cristo, optaremos entonces por perdonar en vez de juzgar.

LA REDENCIÓN DEL ESPÍRITU

Las palabras amables no cuestan mucho y, sin embargo, logran tanto. Convierten a la gente en bondadosa. Y además reproducen su propia imagen en el alma de los hombres, y ¡qué imagen tan bella!

BLAS PASCAL

Lo que nos acerca unos a otros es mirarnos y ver que hemos hecho un montón de cosas espantosas y que somos aceptados, a pesar de eso.

Cuando nos miramos unos a otros con perdón y amor, compartimos el sacramento de la comunión—a nivel espiritual, no físico. Y aunque no haya ni pan ni vino, participamos igualmente en ella porque el Espíritu está presente.

Miramos a nuestra pareja y vemos que Dios Padre, y el Hijo y el Espíritu Santo, también están presentes, y nos involucramos en esa relación haciendo un pacto de honor con esa persona. Entonces empieza a producirse la sanación del Espíritu. Dios está sentado en Su trono, lo que implica que el poder y la gloria han sido restablecidos, y por ser hijos de ese poder y esa gloria, también nosotros hemos sido redimidos.

No sólo somos absueltos en nuestro interior, que es lo primero que debe ocurrir, sino que además se nos restituye a aquel del que nos hemos distanciado. Esta restitución es una de las formas más grandes de servicio que podamos hacer.

La restitución del amor, del servicio y del equilibrio con cualquier persona es un servicio grande, grande. No existe otro más grande.

QUINTA PARTE
Servir y Dar al Amor

" Hay quienes dan
y no saben del dolor de dar,
ni buscan la alegría de dar,
ni dan porque dar es una virtud.
Dan como en el hondo valle,
el mirto entrega su fragancia al espacio.
A través de manos como éstas,
Dios habla y, desde el fondo de esos ojos,
Él sonríe sobre la tierra ".

KAHLIL GIBRAN

ENTREGA TU AMOR

Mirad primero si vosotros mismos merecéis dar y ser un instrumento del dar. Porque, en verdad, es la vida la que da a la vida, mientras que vosotros, que os creéis dadores, no sois sino testigos.

KHALIL GIBRAN

¿De qué sirve el amor dentro de ti si no lo compartes? Dar es como se manifiesta la acción de amar. Quizás puedas vivir sin dar, pero vivir sin amar es sólo existencia. Y la existencia es a menudo un estado de carencia y una esperanza vacía de que aparezca alguien que te salve de todas las cosas que te están sucediendo "a" ti.

Amando se satisface dicha carencia y se activa la conciencia de tu sabiduría interna y el conocimiento de que eres tú el creador de tu universo y que nada te sucede que no hayas creado, promovido o permitido. Amar es esa parte activa y dinámica en ti que acepta la responsabilidad de todo lo que eres y serás, y que vive en un estado de conciencia abierta.

El Espíritu es eterno y es un regalo que perdurará por siempre. El Espíritu es libre, y eso implica que puedes ser libre en la medida en que estés dispuesto a entregar de tu Espíritu. Esa voluntad de compartirlo todo de ti—todo lo que tú eres—es tu libertad.

Si intentas encadenar al Espíritu, te derrotas y te pierdes a ti mismo. Entrégalo y descubrirás que regresa a ti de infinitas maneras, difíciles de imaginar para ti. Tampoco lo puedes fingir. No puedes afirmar que estás dando y amando, y esperar que te crean si no demuestras tu generosidad con hechos. Es por tus obras que se te conoce y no por tus buenas intenciones.

Las personas son muy perceptivas y no se las puede engañar. Las palabras de amor no tienen que ser necesariamente amorosas. Amar es una acción. Amar es compartir al Dios que vive dentro de ti con el Dios que vive dentro de toda la gente en todas partes. Amar es compartirte a ti mismo.

Regálate el don de amar. Concédete el don de completar cada día cuando éste llegue a su fin y de despertar a lo nuevo en ti con cada amanecer. Si vives en tu corazón amoroso momento a momento y todo el tiempo, descubrirás que habitas en el Cristo permanentemente, y que jamás te separarán de Su gracia y de Su presencia. Y experimentarás al Cristo viviente como tu Bienamado.

EL TOQUE AMOROSO

*Vivirás mucho y llegarás alto, repartirás sonrisas
y llorarás lágrimas, y todo lo que toques y todo lo
que veas es todo lo que tu vida llegará a ser.*

PINK FLOYD

Una de las maneras más hermosas en que podemos servir es tocar—con amor.

Internamente me he propuesto que dentro de mí haya siempre espacio para acercarme a los demás y tocarlos con amor. Es con esa actitud y desde allí que yo funciono. Yo sé que el amor es el gran salvador de todos nosotros. Si una persona con la que me relaciono no tiene suficiente amor, el mío alcanza para ambos, porque está conectado a una fuente de amor más grande. No me disculpo con nadie por eso. No amo para conseguir nada. Mi amor es servir porque amamos el servicio. Al mismo tiempo, es muy egoísta, porque siento que el amor regresa de nuevo a mí. Vuelve a entrar en mí y entonces percibo la calidad de lo que la persona ha recibido.

Todos queremos ser tocados por el Espíritu. Nos enamoramos del Espíritu en una persona. Esa es la razón de que nos quedemos juntos a pesar de estar viejos y arrugados: ese Espíritu es joven y está presente eternamente.

Si reprimes tu amor es porque no estás en un estado de aceptación. Cuando empiezas a aceptar, comienzas a servir. Si cooperas, estás sirviendo. Si te dedicas a cuidar a una persona, estás sirviendo. El resultado tangible de eso es la energía de Dios: el entusiasmo. En ese estado, las cosas no se ponen neutrales; se ponen graciosas, chistosas y nos hacen reir.

EL SIRVIENTE Y EL ASISTIDO

He conocido a unas pocas personas que cambiaron de trabajo para cambiar sus vidas, pero he conocido a muchas más que tuvieron que cambiar su motivación hacia el servicio para cambiar sus vidas.

PEREGRINA DE PAZ

Tenemos que mirar el servicio no sólo a través del que da, sino también a través del que lo recibe, porque para poder servir debe existir un receptor.

El quehacer de Dios es el servicio, pero para poder desempeñar dicha ocupación, Él requiere de personas que reciban el servicio, y esas personas somos nosotros.

Si tomamos el servicio de esa manera, tenemos que concluir que sirviente y asistido conforman una unidad.

SERVIMOS AL AMOR

Dad todo al amor; obedeced a vuestro corazón.

EMERSON

Servimos al amor. Es algo muy simple, porque cuando servimos desde el corazón, el amor fluye naturalmente.

Sólo entramos en contacto con nuestro ser espiritual y amamos a Dios y a nuestros semejantes, y los amamos y servimos para que sepan que existe el amor en este mundo.

Una de las enseñanzas más importantes de Cristo es que ames a tus semejantes como a ti mismo. Tarea difícil, porque algunos de ustedes no tienen muy buena opinión acerca de su propia capacidad de amar. No obstante, sin importar lo que te parezca a ti o cómo lo tomen los demás, permite que tu amor y tu Luz brillen para que Dios se manifieste en todo el mundo, porque reprimirte es un crimen espiritual.

Tenemos a Dios, nuestro Padre, y a Dios, nuestra Madre, quienes sostienen la energía en nuestro cuerpo y son nosotros en el cuerpo, y también somos el hijo de eso en el cuerpo. Así que debemos servirnos unos a otros tal como servimos a Dios, porque Dios está en cada uno de nosotros.

UN SERVICIO QUE TE TRANSFORMA

*El servicio es nada más ni nada menos
que el amor en ropa de trabajo.*

JULIANA DE NORWICH

Una gran clave para estar consciente de tu alma es amando al Espíritu en tus semejantes. De esa manera, cumples con dos admoniciones claves de las escrituras: "Amar a tu prójimo como a ti mismo" y "Cuando le haces algo al más insignificante, me lo haces a mí".

Ciertamente, debemos llevarlo a la práctica todo el tiempo, día a día, con todos los 'tiranos mezquinos' que se nos acerquen con su actitud crítica. No tienes que amar lo que ellos hacen, pero puedes amarlos a ellos. Lo que ellos hacen puede ignorarse y olvidarse, igual que tu última visita al baño o el aire que sale de tus pulmones en una exhalación.

Todo lo que tienes que hacer es seguir amando y sirviendo, porque eso se convierte en un ejercicio espiritual en sí mismo, que tendrá la capacidad de transformarte.

SERVIR A ALGUIEN HASTA SU ÚLTIMO ALIENTO

No podemos vivir para nosotros mismos solamente. Nuestras vidas están conectadas por mil hilos invisibles, y a lo largo de estas fibras fraternas, nuestras acciones funcionan como causas y vuelven a nosotros como efectos.

HERMAN MELVILLE

Pienso que hay que ser muy fuerte para trabajar en un hospicio. Pienso que se necesita una compasión ilimitada y una motivación más allá de cualquier recompensa, para perseverar.

La mayoría de las personas se acercan a Dios más que nunca en dos importantes ocasiones de sus vidas: en el nacimiento y en la muerte.

Hemos arribado desde Dios con un mensaje de vida y regresamos a Dios con un mensaje de Vida eterna. Por eso, hacer voluntariado en un hospicio es una manera maravillosa de servir.

Es una oportunidad para ayudar a otros a hacer las paces con todo, adentro y afuera

SIRVE AL AMOR

A menudo, cómo mejor ayudamos a los demás es dejándolos en paz; otras veces, necesitamos un apretón de manos o una palabra de aliento.

ELBERT HUBBARD

Amar a Dios con tu cuerpo, mente y alma significa estar al servicio de todo aquello que es el amor.

Es una declaración simple, que no implica que tengamos que temer al infierno para llevarlo a la práctica.

DESPERTAR A LA VOZ INTERIOR

*La bondad consiste en amar a la gente
más de lo que ellos se merecen.*

JOSEPH JOUBERT

Si no obedeces a tu voz interior, ésta termina por apagarse porque ella no impone jamás su voluntad.

Volverla a despertar requiere de mucha oración y devoción, y de una gran dosis de ejercicios espirituales. Te revelaré una manera de activarla rápidamente: ponte al servicio desinteresado de las personas.

Eso abre tu corazón, se abre el corazón del espíritu, y entonces la comunicación del Señor empieza a llegarte.

Sería bueno que revisaras las formas en que puedes prestar un mayor servicio, en que puedes servir de una manera más amplia. Si de verdad sirves a las personas como si fuesen el Señor, te sucederá algo extraordinario y te preguntarás por qué no comenzaste antes.

Es cuando te abres interiormente al Señor en tu corazón, al Bienamado, que te encuentras en el camino seguro. Al comenzar a servir incondicionalmente con amor, te encontrarás con muchos de nosotros en ese camino.

LA NATURALEZA DEL ALMA

¿Para qué podría yo servir? ¿No podría yo ser útil de alguna manera? Hay algo dentro de mí, ¿qué será?

VINCENT VAN GOGH

Si yo despertara una mañana con la intención de conocerme mejor a mí mismo como alma, yo recurriría a las cualidades del alma.

Las cualidades del alma son amar, cuidar y compartir.

El alma es la esencia de Dios. Y Dios ama a toda su creación y la mantiene, la sirve y le da.

Yo me adueñaría de inmediato de esos atributos: amar, cuidar y compartir. Sé que tengo salud, fortuna y felicidad, porque en todos mis mundos hay prosperidad, abundancia y riquezas.

Quiero vivir en esa conciencia que ama a las personas, las cuida y comparte con ellas. Eso no significa tener que lavar todos los baños de la ciudad, pero sí que alguien que esté necesitado sienta que le importas, y que, si hay algo que puedas hacer él, tú lo harías.

Sacrificaría en lo posible esa actitud de "Y, ¿qué hay de mí?" así como "Y a mí, ¿cuándo?", porque sé que esa no es la naturaleza del alma.

La naturaleza del alma es servir. El Señor dijo: "Ama a tu prójimo como a ti mismo". Para amar el alma de tu prójimo, debes amar a tu propia alma. Entonces estarás al servicio de tus congéneres, lo que podría ser riendo y hablando con ellos.

Estamos en este planeta para trabajar y servir, y para aprender y crecer. Así que, si no estamos haciendo eso, no estamos haciendo lo que vinimos a hacer aquí.

SIRVE SIEMPRE CON AMOR

Todos los días, aplica tu magia y sirve a los demás.

MARCIA WIEDER

El servicio es algo que brindas desde tu interior y de buena gana. Idealmente, el trabajo debería ser así también, pero a menudo no lo es. El trabajo suele tomarse como un deber, así que trabajamos por obligación.

Amar, cuidar y compartir, así como acercarte a los demás y tocarlos, debería ser siempre el motor de tu servicio. Cuando tocas a una persona, su espíritu se abre. A veces, el trabajo que realizamos no nos permite acercarnos a los demás de esa manera.

Si somos amorosos y humanitarios, nuestro gesto al tocar transmitirá eso. Dará consuelo y abrigo.

Cuando somos capaces de encontrar un trabajo que puede transformarse en nuestro servicio, nos sentimos en el cielo. Tenemos ganas de desempeñarlo. No existen muchos trabajos de ese tipo, pero si encaramos nuestra vida como una vida de servicio, ésa es la experiencia interna que tendremos.

No tenemos control sobre el mundo, pero sí estamos al mando de nuestras reacciones internas en relación con el mundo. Ahí es donde radica nuestra autoridad, y podemos desarrollar la habilidad de hacer sólo eso.

El mundo te ofrece todas las oportunidades para que crezcas. Las oportunidades golpean y golpean y golpean a la puerta, hasta que tú contestas. A veces, ¡te golpean en la cabeza! Sólo tratan de captar tu atención, así que si eres lo suficientemente perceptivo, como para sentirlas cuando te golpean despacito, dirás: "Está bien, iré a hacer servicio". Y puedes acometerlo con amor y alegría, porque esa opción está en tu interior.

Servicio es aquello que, cuando lo realizas, lo haces voluntariamente y sin esperar recompensa alguna.

NO TE EXIJAS TANTO

Prestar servicio en una causa justa, recompensa al trabajador con una felicidad y satisfacción más reales que en cualquier otra aventura en la vida.

CARRIE CHAPMAN CATT

Nadie puede caminar en dirección al sol todo el tiempo. No es posible.

A veces tienes que evitar el calor y dejar de ser tan "espiritual", y aterrizar un poco en este mundo.

He tomado la determinación de no enjuiciar nunca las acciones de los demás. Porque si alguien está sentado tomando una cerveza o dos, uno no sabe si esa persona estuvo haciendo servicio para cuatro mil personas, llevando a cabo un ministerio de noche y de día, y lo que está haciendo es tomarse un descanso. Así que simplemente lo dejas ir como está.

A veces, tenemos que tomar un poco de distancia de las cosas cuando éstas son muy intensas. Así que, no le exijamos tanto a los demás. Y ya que estás en eso, date un respiro a ti mismo también.

¿Sabes lo que implica darte un respiro? Que no seas tan exigente con las cosas. Libérate, suelta tu mente y tus emociones de vez en cuando, ¿entiendes? Di de vez en cuando: "¡Diablos!", simplemente para no perder contacto con el resto del mundo que también lo dice.

ELEVA TU NIVEL DE VIBRACIÓN

Lo que cuenta no es el estilo de las ropas que uno viste, tampoco el tipo de automóvil que uno maneja, ni la suma de dinero que uno tiene en el banco. Éstos no significan nada. Es simplemente el servicio el que mide el éxito.

GEORGE WASHINGTON CARVER

Prestar servicio es la mejor manera de lidiar con el narcisismo, tan habitual en este mundo.

Prestar servicio por el sólo gusto de hacerlo, elevará tu nivel de vibración, alzándote por encima de las voces de la desconfianza en ti mismo, de tu inseguridad y negatividad.

Las voces de baja vibración no son capaces de sobrevivir. Esas voces no pueden subsistir en un ambiente de dicha y servicio, porque la forma en que funcionan es "primero yo, segundo yo y tercero yo".

Por lo tanto, es verdaderamente fácil superar esos niveles inferiores cuando nos dedicamos al servicio.

EL PRÓXIMO ÉXODO MASIVO A VENUS

Ama tu vida, perfecciona tu vida, embellece todas las cosas en tu vida. Procura alargar tu vida y hacer del servicio a tu gente, tu objetivo. Cuando te levantes por la mañana, da gracias por la luz, por la vida, por tu fortaleza. Agradece el alimento y la alegría de vivir. Si no ves ninguna razón para estar agradecido, la falta está sólo en ti.

TECUMSEH

El servicio es el nivel de conciencia más elevado en este planeta. Seguramente ya lo habrás leído un par de veces en este libro.

Hasta ahora, había dudado de entrar en tanto detalle sobre el servicio, pues mucha gente podría quedar atrapada en los detalles y en las palabras, y no salir al mundo a servir de manera concreta.

En síntesis, lo que quiero decir es: Sea lo que sea, independiente de cuan diminuto sea tu servicio, hazlo.

Hay personas que esperan una gran oportunidad para poder servir. Es como si estuvieran esperando el próximo éxodo masivo a Venus para conducir a cientos de personas allí. Bueno, si eres una de esas personas, déjame decirte que la nave espacial partió hace cuatro mil años. Ya se fueron. Te quedaste sin trabajo. Lo que estás esperando es causar un gran impacto por el que puedas ser reconocido y admirado. ¿Notas cómo el síndrome de la voz negativa gana terreno?

Así que, empieza a prestar servicio en cosas pequeñas ahora mismo. Y sí; categóricamente, trabaja todos los días para ser mejor. Es más, afirma: "Estoy siendo mejor y mejor, en todo sentido, día a día"; pero eso por sí solo no es suficiente. Tienes que ir a tu interior, a ese lugar dentro de ti donde se encuentran tu humanidad, tu capacidad de amar, cuidar y servir. Con hacer sólo eso, te habrás servido, cuidado y amado a ti mismo, porque cuando estás en ese lugar, es amor, es afecto, es el Espíritu.

Cuando eso te llena, fluye de ti hacia el mundo. La gente dirá: "Siento cómo el amor sale de ti. ¿Qué estás haciendo?", y tú contestarás: "Nada. Lo único que hice fue entrar en la habitación. Mi intención es honrar al Espíritu de la verdad, así que paso tiempo en mi interior. Así es como me sirvo a mí mismo".

GRACIAS A DIOS QUE PODEMOS SERVIR

Con toda seguridad, has escuchado que vivimos en una economía del servicio, pero ¿has pensado en lo que ese término implica?

Dar servicio significa prestar ayuda.

Para lograr una carrera exitosa o construir una empresa próspera en una economía del servicio, tienes que tener un espíritu servicial. Mientras más servicial seas y a más personas ayudes, más probable es que tengas éxito y seas próspero a nivel personal.

JOE TYE

Este mundo funciona por el poder de Dios a través de nosotros. Y nosotros podemos conducir ese poder aquí, al mundo, a través de nuestro servicio amoroso.

Es muy sencillo: hay que hacer el trabajo sin que nadie sepa quién lo hizo. La conciencia de Dios, que habita en ti y que eres tú, se da cuenta y usa esa conciencia de servicio para incrementar la capacidad de hacer aún más dentro de ti.

Gracias a Dios que podemos servir a la Luz que Dios ha puesto aquí en nosotros. Gracias a Dios que podemos servir al Sonido de Dios aquí en nosotros.

Muchos de nosotros sabemos que nos acercamos a una encrucijada en el destino del planeta, y debemos elegir hacia donde vamos a orientar nuestra vida: ¿continuaremos viviendo enfocados en nuestro propio beneficio, o tomaremos en cuenta el bien de la humanidad?

Hay unos pocos temas que han aparecido continuamente a lo largo de este libro: amar a tu prójimo como a ti mismo, prestar un servicio incondicional y vivir con integridad a nivel personal.

Si tienes una óptica diferente, cámbiala y adopta el espíritu del servicio.

Consiste en asegurarte de que te amas a ti mismo a tal punto, que tu prójimo sabe que lo amas a él también. Cuando logres hacer ésto, habrás prestado servicio de verdad.

AMAR INCONDICIONALMENTE

Son capaces de levantar al mundo de manera positiva aquellos que animan más que critican.

ELIZABETH HARRISON

Amor incondicional significa amar incondicionalmente. En ese estado incondicional no se nos pasa por la mente esperar algo a cambio. Amar desinteresadamente es el servicio de naturaleza más elevada, porque ésa es tu naturaleza. Y aun más; es decidir enfocar tu mente, tus emociones y tu cuerpo en eso y salir al mundo de la ilusión, del engaño, de la intriga, de todo el dilema de la vida, y comportarse como un amante incondicional, como alguien que ama incondicionalmente, cueste lo que cueste.

Cuando las cosas se pongan difíciles y la gente te agreda, debes saber que lo hacen porque se sienten heridos y han perdido contacto con el amor incondicional por ellos mismos. Tu labor es empezar otra vez a amarte a ti mismo en su presencia, en vez de decirles: "Olvidaste amarte a ti mismo". Eso no es lo que quieren oír. Lo que quieren saber es: "¿Cómo me amo a mí mismo?". Y la respuesta es muy simple. Piensa pensamientos positivos. Siente pensamientos positivos. Baila alegremente y dedícate a pasarla bien.

Si tienes miedo de hacer el ridículo, entonces al infierno contigo, porque allí es donde terminarás de todos modos en tu interior. ¿A quién le importa lo que la gente piense? Diviértete todo el tiempo, haciendo locuras y cosas entretenidas que expresen amor por las personas y amor por ti mismo. Y que tus manos tambien sean felices y que llegues a sentirte contento y lleno de entusiasmo por dentro. Que ni siquiera te importe lo que tú mismo pienses, porque pensar no es infinito y el que tú eres es infinito.

Mucho tiempo atrás sostuve que Dios tiene el control aquí y, como no nos queda otra alternativa, debemos participar en el juego que Dios ha montado para nosotros, sea cual sea el juego. Podemos decidir participar movidos por la negatividad, la duda, la superstición, por un montón de cosas, y está bien, porque tú eres el afectado que, en medio de todo, elige jugar el juego de esa manera.

También podrías decidir participar motivado por la alegría de servir y de dar, y alcanzar un nivel de vida más elevado en este planeta. Nadie está exento de nada aquí. Pero, ¿quién necesita una prerrogativa si está heredando el Reino de Dios? Lo positivo en todo esto es que, una vez que todos estén en el Reino de Dios, no quedará nadie que mantenga las depresiones y la negatividad en el mundo.

SACRIFICA LA IRA

El contenido de los bolsillos de Toro Sentado solía vaciarse en las manos de niños pequeños y andrajosos, y no lograba comprender cómo tanta riqueza podía desaprovecharse y pasar inadvertida para los pobres.

ANNIE OAKLEY

Si te sientes indignado, yo que tú sacrificaría la ira en el altar del amor.

Transmuta esa energía de ira en amor.

Yo no me desharía de la energía de la ira; sólo la transformaría en energía de amor. Entonces, la misma cantidad de ira que tenías antes, esa misma cantidad la tendrías ahora en amor para compartir.

Pero yo me quedaría con una dosis de ese amor para mí primero.

Me aseguraría de que todas las células de mi cuerpo sintieran ese amor, ese cuidado y sustento, porque soy yo quién vive allí; y yo quiero que mi cuerpo sirva de templo al Espíritu, de la manera más óptima posible.

LO QUE FORJA EL CARÁCTER

Recibiremos no lo que deseemos sin mover un dedo, sino lo que ganemos justamente. Nuestra recompensa estará siempre en proporción directa con nuestro servicio.

EARL NIGHTINGALE

En el Espíritu, realmente nadie está más arriba que otro. Uno de los mandamientos más importantes dice: "Ámense los unos a los otros", y a ese amarse recíprocamente no se le puso condiciones. Se dijo simplemente: "Ámense los unos a los otros".

En la última cena, Jesús lavó los pies de todos los presentes demostrando que amarse los unos a los otros significa prestarse servicio unos a otros, y que estamos tratando con una conciencia espiritual de apertura y generosidad hacia las personas en nuestro entorno.

Servir es lo que realmente te forja el carácter. La ética se basa en eso. Es en lo que se cimentará tu virtud.

UNA ACCIÓN SAGRADA Y BENDITA

*No existe ocupación más noble en el mundo
que ayudar a otro ser humano—ayudar
a alguien para que logre el éxito.*

ALAN LOY MCGINNIS

Es probable que atravieses un montón de lugares en este mundo y que pienses: "¿Qué hago aquí?", por el hecho de no estar logrando nada estando en este lugar.

Tal vez, en ese punto podrías cambiar de actitud y decir: "Estoy aquí para dar".

Sé generoso con la paz y la tranquilidad de tu ser en ese lugar en particular, para que cuando alguien pase por ahí, pueda experimentar un cambio de conciencia. Si la persona está deprimida, podría echar mano a la paz que tú pusiste allí, y animarse y ser libre.

Ése sería un servicio realmente extraordinario. Para mí, esa acción silenciosa se convierte en algo de verdad sagrado, bendito y especial.

SUFICIENTE AMOR, PERO NO SUFICIENTES ACTOS DE AMOR

La lección fundamental que todos debemos aprender
es el amor incondicional, que involucra no sólo
a los demás sino también a nosotros mismos.

ELISABETH KÜBLER-ROSS

Amar, cuidar y compartir: todas estas palabras implican acción. No es amor, cuidado y compartición. Es amar, cuidar y compartir.

Alguien dijo alguna vez que este planeta se podría salvar con suficiente amor. Yo le contesté que en este planeta había suficiente amor, pero no suficientes actos de amor. Porque un acto de amor puede ser algo tan simple como rascarle la espalda a tu cónyuge cuando te lo pida, o apoyar a alguien cuando necesite un aventón.

La clave es que prestes servicio allá afuera con tu persona. Y no juzgues la acción, que sería el cuidado de ti mismo y de otros. El compartir es el resultado natural de eso.

Llegué a mi propia conclusión de que la forma más elevada de conciencia que puede manifestarse físicamente es el servicio a la humanidad. Ese servicio tiene que surgir desde adentro, desde ese lugar que está dispuesto a servir.

No tiene que existir algo que valga la pena servir, sólo hay que servir con buena voluntad, de una manera abierta, amorosa y cariñosa. Hacer eso tiene consecuencias positivas: las conocemos como salud, riqueza y felicidad.

Pienso que la felicidad es algo que surge espontáneamente dentro de ti, en que te sientes contento contigo mismo y con el Señor.

Ponle el nombre que quieras: tener principios, estar unidos, tener una sola mente, un Dios en común, una conciencia, una sola voz; llámalo como quieras. A mí no me importa el nombre que le pongas. Yo lo llamo simplemente "Bienamado".

HACER EJERCICIOS ESPIRITUALES, AMAR INCONDICIONALMENTE Y PRESTAR SERVICIO

> *Hacer servicio es una poderosa manera de abrir el corazón y de brindarle realización al alma. Aquellos que sirven saben cuánta dicha reciben al dar a los demás.*
>
> MARGARET PAUL

Se necesita una cantidad considerable de energía para poder resistirse a los disgustos o a la negatividad y poder alejarlos, por eso es que los sentimos muy profundo dentro de nosotros mismos, como un compromiso total. En consecuencia, nos comprometemos más con la negatividad porque invertimos en ella mucha más energía de la que jamás llegaremos a invertir en lo positivo. Ésta es la razón por la cual las cosas negativas nos afecten de una forma más aguda que las cosas positivas. ¡Basta con mirar lo que sucede en tu vida!

A través de los años, he repetido tres cosas constantemente: "Haz ejercicios espirituales, ama tan incondicionalmente como puedas y presta servicio".

¿Ofreces tu tiempo como voluntario a organizaciones que se dedican a la elevación y unificación del Espíritu en la humanidad, como una forma amorosa y humanitaria de encarar tu existencia?

Si contestas que eso es lo que haces en tu trabajo, yo te digo que te pagan por hacerlo. El servicio al que me refiero es aquel en el que no recibes pago alguno, como es el caso de la respiración. No obtengo recompensa por eso, ya que la respiración es una recompensa en sí misma. Cuando respiro, mi recompensa es instantánea. Estoy vivo. Prestar servicio incondicional funciona de la misma manera.

No haces servicio para que te reconozcan o admiren. Sirves por la recompensa instantánea que te proporciona el servir.

Esto es sumamente importante. Conjugado con los ejercicios espirituales, prestar servicio es una de las formas más elevadas de demostrar lo que es la conciencia interna de amor aquí en el mundo. No tiene nada que ver con un benefactor que quiere servir para hacerse famoso. En su expresión más elevada, se trata más de una forma de servicio anónimo, en donde nadie se entera que es obra tuya.

Mi ministerio es un ministerio secreto. En gran parte, lo que yo hago jamás se ve realmente. Y, por lo tanto, no hay ninguna posibilidad de que puedan agradecérmelo. Se mantiene oculto. No es un "secreto" que yo no pueda revelar; es un secreto en términos de que es sagrado.

En Navidad, un hombre regaló cerca de diez mil dólares en billetes de a cien a diferentes personas. La gente le pidió que se identificara. Él contestó que si revelaba su identidad, se arruinaría el sentido de lo que él hacía. Simplemente el hecho de darlo era la recompensa que él recibía instantáneamente: un servicio silencioso a muchas personas. El anonimato se mantuvo y el carácter sagrado de su donación se integró en él y en la otra persona.

Las 'épocas de sequía' en relación con los ejercicios espirituales suelen implicar 'tiempos lluviosos' en relación con el servicio. Te invito a salir al mundo a regar las flores de Dios. No estoy diciendo que salgas a repartir dinero -quizás ni siquiera lo tengas—pero ciertamente da de ti mismo.

EL SERVICIO INCONDICIONAL DEL BIENAMADO

El amor no espera nada a cambio. El amor no teme nada. El Amor Divino da, no exige. El amor no concibe el mal, no imputa un móvil. Amar es compartir y servir.

SIVANANDA

¿Percibes la presencia del Bienamado? Puedes hacerlo sintiendo, viendo, oyendo, tocando, oliendo o saboreando.

Incluso, si tú no te haces accesible a él, el Bienamado sigue estando siempre a tu disposición.

El Bienamado está siempre a nuestra disposición, porque no respeta nuestra opinión o nuestros sentimientos en torno a eso. Si decimos que no está presente, él hace caso omiso a esa declaración. A pesar de eso, sigue estando presente y es fácilmente asequible, porque su servicio es incondicional.

LA VIDA DEL SANTO

Una persona puede cambiar completamente el carácter de un país, de la industria y de su gente, si siembra una sola semilla en suelo fértil.

JOHN C. GIFFORD

Cuando nuestros pensamientos nos dirigen hacia el servicio y la unidad, sabemos que esos pensamientos son de Dios, porque Dios es Uno. No hay otro.

Si tus pensamientos te alejan del amor por tu cónyuge, por tus hijos o por tu prójimo, debes saber que estás viviendo en la oscuridad.

Cuando tus pensamientos te llevan hacia la unidad y la elevación, hacia el servicio, a ser uno con todos y a apoyar y cuidar a los demás, estás viviendo la vida de un santo, porque estás haciendo lo que ellos hicieron.

Y todo el agradecimiento que necesitas realmente es ver a las personas abrir su corazón.

PRESTAR SERVICIO PARA DESPEJAR KARMA

*Uno se siente feliz en la misma medida
en que es útil a los demás.*

KARL REILAND

La bondad del Espíritu nos protege, impidiendo que veamos las cosas terribles que hicimos en existencias anteriores, para que no nos pasemos el resto de esta vida lamentándonos por todo el mal que le hicimos a todas las personas con las que estuvimos en el siglo XII.

Hacer tus ejercicios espirituales (e.e.'s) y prestar servicio voluntario son las mejores maneras que conozco de equilibrar el karma del pasado. Es por eso que recomendamos hacer e.e.'s y prestar servicio. Y, por lo general, lo ordenamos así: presta servicio voluntario y haz e.e.'s, porque eso es realmente más importante para la persona. Sin embargo, prestar servicio no reemplaza a los ejercicios espirituales.

El servicio al que nos referimos no es aquel que busca reconocimiento. Es un servicio silente. Simplemente vas y haces cosas por la gente. Podrías ser un ángel de la guarda para alguien, aunque si se trata de alguien que te gusta mucho, tal vez eso no cuente demasiado. Pero si se trata de alguien que detestas, eso sí que puede darte muchos puntos.

Normalmente, cuando le haces un servicio a alguien que detestas, comienzas a descubrir cosas maravillosas acerca de esa persona. Y entonces te entusiasmas y dejas de servirla para ayudar a aquel otro que detestas, y finalmente descubres que puedes comenzar a amar a la gente porque en todos hay algo que merece ser amado.

ALMACENAR LOS TESOROS EN EL CIELO

¡Cuán distante lanza sus rayos esa vela pequeña! Así es como brilla un acto de bondad en un mundo malvado.

SHAKESPEARE

Prestar servicio no es tratar de comprender la profundidad de otro ser humano, con el fin de encontrarte a ti mismo, porque lo único que descubrirás es que perdiste tu tiempo con alguien que indefectiblemente va a desaparecer y con quien tal vez no vuelvas a encontrarte nunca más, en ninguna otra existencia.

Pero si comprendes tu propia profundidad y encuentras a tu ser verdadero, te reunirás con todos los demás seres que se han encontrado a sí mismos. Entonces, estarás viviendo con los santos, que también se conoce como vivir en el Reino de Dios.

Hay muchas maneras de lograrlo. No es suficiente con que reces simplemente. Pero si rezas y luego buscas en qué servir, estarás cumpliendo con una parte importante del proceso. Encontrarás dentro de ti las respuestas que realmente importan, cuando extiendas la mano para ayudar a los demás.

Y muchas personas, cuando quieras ayudarles, dirán: "Por favor, no lo hagas". Aunque no lo creas, también se alcanzan los tesoros del cielo cuando dejas en paz a los demás, porque es fácil comenzar a imponerse y convertirse en un entrometido en lugar de hacer el bien. Lo que se consigue, a menudo, es terminar haciendo el mal.

Entonces, nuestro servicio es bien simple, ¿verdad? Ama a Dios con todo tu cuerpo, mente y alma, y a tu prójimo como a ti mismo, y lo que le hagas al más insignificante de todos, me lo harás a mí. ¡Caramba!

En los tiempos actuales, nosotros lo expresamos así: "Cuídate para que puedas ayudar a cuidar a los demás; no te lastimes ni lastimes a nadie y usa todo para elevarte, aprender y crecer". Esas acciones almacenan los tesoros en el Reino de los Cielos. Todo lo que nosotros hicimos fue modernizar el lenguaje.

SEXTA PARTE
Herramientas para los Generosos

Ya explicamos el concepto de
enviar la Luz para el bien mayor.
Ésta es una herramienta fundamental.

En esta sección hemos incluido unas pocas más.

> "Haz todo el bien que puedas,
> Por todos los medios que puedas,
> De todas las maneras que puedas,
> En todos los lugares que puedas,
> Todas las veces que puedas,
> A toda la gente que puedas,
> Durante todo el tiempo que puedas".

JOHN WESLEY

LA ACEPTACIÓN

Ésta es la verdadera felicidad de la vida: ser usado para un propósito que tú mismo reconoces como supremo; ser útil antes de ser lanzado a la fosa común; ser una fuerza de la naturaleza en lugar de un patán y un guiñapo egoísta, lleno de sufrimientos y rencores, quejándose de que el mundo no se dedica a hacerlo feliz.

GEORGE BERNARD SHAW

La aceptación es un bien de primera necesidad; es la primera ley del Espíritu. En el contexto de este libro, también podríamos llamarla la primera ley del dar.

Aceptación es ver algo simplemente en su estado real y decir: "Así es, y punto".

Aceptación no es aprobación, venia, permiso, autorización, consentimiento, avenencia, acuerdo, cumplimiento, simpatía, patrocinio, confirmación, apoyo, ratificación, asistencia, impulso, respaldo, mantenimiento, autenticación, refuerzo, cultivo, fomento, promoción, asesoramiento, encubrimiento, y tampoco siquiera, que te *guste* como es.

Aceptación es decir: "Es lo que es, y lo que es, es". Hasta que no aceptemos realmente *todo*, no seremos capaces de ver claramente, y rara vez podremos dar debidamente. Estaremos siempre mirando a través del cristal de los "debería", "convendría", "tendría que", y de los prejuicios.

Cuando la realidad nos confronta con nuestra propia idea de cómo creemos debería ser la realidad, la realidad siempre se impone. (Deja caer algo pensando que la gravedad *no debería* hacerlo caer y el objeto caerá de todos modos). Esto suele no gustarnos (es decir, tenemos problemas para *aceptarlo*), así que, o bien luchamos contra la realidad y nos disgustamos, o la ignoramos y caemos en la inconciencia. Si te encuentras sintiendo rabia, te has vuelto inconsciente en relación con algo, o fluctúas entre ambos, deberías preguntarte: "¿Qué es lo que no acepto aquí?".

Aceptación no es un estado pasivo o apático. Obviamente no estamos diciendo que no debas cambiar el mundo, o decidiendo lo que está bien y lo que está mal, o que debas reemplazar el bien por el mal. La aceptación es el primer paso en un servicio exitoso.

Si no aceptas completamente una situación, exactamente de la forma que es, puede que te quedes atrapado tratando de cambiarla. Es más, si no aceptas totalmente una situación, nunca sabrás si efectivamente la situación *puede* ser cambiada.

SUELTA Y RELÁJATE

> *El servicio más noble proviene de manos anónimas, y el mejor sirviente hace su trabajo de manera invisible.*
>
> OLIVER WENDELL HOLMES

Cuando aceptas algo, te relajas, lo sueltas, te vuelves paciente. Es un estado agradable (y efectivo), ya sea que uno participe o se aleje. Quedarse y debatir (aunque se trate de cosas entretenidas: ¿Cuántas veces has intentado pasar un buen rato a la fuerza?), o huir indignado o atemorizado, no es la forma más placentera de vivir o de dar. Sin embargo, es el resultado inevitable de una actitud de no aceptación.

Tómate unos momentos y piensa en una situación con la que no estés contento—no la carga más pesada en tu vida—sino un incidente sencillo, con el que te sientas molesto. Ahora, acepta *todo* lo relacionado con esa situación. Permite que sea como es porque, después de todo, es así, ¿cierto? Además, si la aceptas te sentirás mejor en relación con ella.

Una vez que aceptes la situación y todo lo que se relacione con ella, probablemente siga no *gustándote*, pero puedes dejar de sentir aversión o temor hacia ella. En el peor de los casos, la odiarás o te atemorizará un poco menos.

Ése es el verdadero valor de la aceptación: te sientes mejor con la vida y contigo mismo. Todo lo dicho sobre la aceptación se aplica también a aquello que has hecho (o dejado de hacer). De hecho, todo lo que he dicho acerca de la aceptación se aplica *especialmente* a las áreas de tu vida en que te enjuicias a ti mismo.

Acepta todas las cosas que piensas que deberías haber hecho y no hiciste, y todas las cosas que hiciste y piensas que no deberías haber hecho. Las hiciste (o no las hiciste). Esa es la realidad. Eso es lo que sucedió. No se puede cambiar el pasado. Puedes luchar con el pasado, pretender que no ocurrió, o aceptarlo. Te sugerimos que tomes esta última opción. Una vida de culpa, miedo e inconsciencia no es muy divertida, por decir lo menos. Además le roba un montón de tiempo y energía a la posibilidad de dar.

ACEPTA EL FUTURO

*Bendito aquel que no espera agradecimiento
alguno, porque no será desilusionado jamás.*

W.C. BENNETT

Y ya que estás en eso, por qué no aprovechas de aceptar también todos tus posibles futuros incumplimientos de los "debería", "habría que" y "tendría que" de este mundo, porque los quebrantarás. Eso no significa necesariamente que te estemos animando a que cometas faltas. Sin embargo, aceptamos el hecho de que los seres humanos cometen ese tipo de cosas, y si tú aún no has aceptado tu humanidad con todo el esplendor y la locura propios de ella, puede que éste sea un buen momento para empezar a hacerlo.

Relájate. Acepta lo ocurrido, sea que lo hayas hecho tú, otra persona o algo externo a ti. Luego, piensa en el regalo que eres capaz de dar y la mejor manera de entregarlo. La aceptación sienta las bases del servicio. El perdón hace borrón y cuenta nueva para que puedas servir libremente.

PER-DONAR [5]

*Perdonar equivale a dar y, en
consecuencia, a recibir de la vida.*

GEORGE MACDONALD

Perdonar significa "per-donar",—*per*: a favor de; *donar*: dar. Cuando perdonas a alguien, ¿a quién le estás dando algo? ¿Al otro? A veces. ¿A ti mismo? Siempre. Perdonar a alguien es estar *a favor de darte* a ti mismo y a los otros.

Además, casi todos nos juzgamos a nosotros mismos con mayor dureza y frecuencia que lo que juzgamos a los demás. Es importante que nos perdonemos a nosotros mismos por todas las cosas que nos recriminamos.

Existe un tercer elemento que hay que perdonar: el hecho mismo de haber juzgado. Cuando juzgamos, dejamos de lado nuestra felicidad y, algunas veces, demasiado de lado. Como nosotros sabemos esto, nos juzgamos a nosotros mismos por el hecho en sí de haber juzgado.

Hay dos niveles de perdón: primero, a la persona que hemos juzgado (a nosotros mismos o a otro); y segundo, a nosotros mismos por el hecho de haber juzgado.

¿La técnica? Es muy simple. Es tan simple, que algunas personas dudan de su efectividad y no la ponen en práctica. Te rogamos que la pruebes.

Di en silencio: "Perdono a (nombre de la persona, situación o cosa que juzgaste, y podrías ser tú mismo) por (la "falta"). Me perdono a mi mismo por juzgar a (la misma persona, situación, cosa, o tú mismo) por (lo que juzgas)".

Eso es todo. Es simple, pero increíblemente efectivo. Puedes decirlo en voz alta o en silencio. Pero, por favor, dilo.

---

[5] N. del T.: *Juego de palabras en inglés: For giving (a favor de dar) y forgiving (perdonar)*

Eso es todo lo que involucra el perdón. Es bien sencillo, pero muy poderoso. ¿Cuán poderoso? Practica esta técnica de perdón durante cinco minutos y observa los resultados.

OLVI-DAR (⁶)

*Si tienes mucho, da de tus bienes; si
tienes poco, da de tu corazón.*

SHAKESPEARE

Una vez que has perdonado la falta y el juicio en sí, sólo queda una cosa por hacer: olvidarlo. Cualquiera sea la "protección" que piensas que puedes recibir por el hecho de recordar todos los agravios del pasado, es mucho menos importante que el bálsamo del olvido.

¿Qué valor tiene olvidar? El término (en inglés) lo dice todo: "for getting", es decir, estar a favor de obtener, de recibir algo.

Cuando tienes empuñada la mano es difícil que puedas recibir algo. Si sueltas y abres el puño, recuperas tu mano. Entonces, es fácil recibir. Y dar.

A veces, pensamos que agitando el puño (a modo de amenaza, recordando todas las faltas) es la manera de obtener algo. Agitar el puño lo único que genera es un temblor (o vaivén) en el puño.

Para recibir, 'per-dona'. Para obtener, 'olvi-da'. Para dar, 'per-dona' y 'olvi-da'.

El lugar en tu conciencia (cuerpo, mente y emociones) que recuerda los agravios del pasado está preso en el recuerdo de las heridas, el dolor, la impotencia, la traición y la desilusión. ¿Quién rayos quiere recordar eso? Déjalo ir. Per-dónalo para que se vaya. De esa manera, ob-*tienes* algo nuevo, mejor y más sutil a cambio y tienes algo más valioso dentro de ti, de donde dar.

Sana tus recuerdos. Perdona el pasado. Luego, olvídalo. **Déjalo ir.** No vale la pena recordarlo. Nada de eso vale la pena recordar. Lo que vale la pena *experimentar* y *dar* es la dicha de este momento. ¿Te suena bien?

---

⁶ *N. del T.: Juego de palabras en inglés: For getting (a favor de obtener) y forgetting (olvidar).*

SERVIR SIN CREAR KARMA

Muchos de los mayores logros del ser humano no han sido el resultado de pensamientos dirigidos a conciencia, y, mucho menos, el producto de un esfuerzo conjunto y coordinado de muchas personas; sino un proceso en el cual el individuo juega un rol que jamás logra comprender a cabalidad.

FREDRICH AUGUST VON HAYEK

La clave al servir y, de hecho, la clave en cualquier cosa que hagas es tu actitud.

Si prestas un servicio genuino, no la idea que tú tienes de servicio, sino que éste sea compatible, es decir que lo que estás haciendo como servicio sea necesario y a la vez bien recibido, ese acto posiblemente no generará karma.

Si te sientes realmente bien por lo que hiciste, es probable que hayas creado un poco, porque la acción fueególatra.

Si te alejas diciendo: "La verdad es que no tengo idea lo que sucedió; puede que lo que hice haya servido o no para algo. No lo sé", probablemente te fue bien, porque tu ego no estuvo comprometido.

Si no hay karma, no queda memoria, no hay información. No sabes nada, en ningún sentido. Honestamente afirmas: "No sé". Y puede ser realmente maravilloso alcanzar ese estado interno.

SACRIFICIO

La vida no está hecha de grandes sacrificios o deberes, sino de pequeñas cosas, entre las cuales la sonrisa y la amabilidad, así como pequeñas obligaciones que se realizan de manera habitual, son las que preservan el corazón y brindan una sensación de confort y seguridad.

WILLIAM DAVY

Serías mucho más feliz si renunciaras a ciertas cosas. Puede que esto no te resulte fácil. No obstante, te sugerimos que lo hagas—de un golpe—ahora mismo, en este instante, antes de pasar a la página siguiente.

"*Give*" (dar) es una palabra positiva. "*Up*" (hacia arriba) ([7]) es una palabra positiva también, pero si las combinas, la gente se deprime ante la posibilidad. "No pienso renunciar a nada. Y *sacrificar* es incluso *peor* que renunciar. Sacrificar significa renunciar a algo que es *realmente* bueno".

Las cosas que pensamos que sería mejor que sacrificaras son cosas como la ambición, el deseo desmedido, el dolor, los juicios, las exigencias, las malas costumbres, la envidia, los celos y los deseos de venganza.

¿Pensaste que te íbamos a pedir que renunciaras a las cosas buenas? La mayoría de las personas piensa que 'sacrificio' significa renunciar sólo a las cosas buenas. No es así. Las cosas negativas, la frialdad, la dureza, eso también puedes sacrificarlo.

Y las puedes "dar hacia arriba". Entrégaselas a la parte superior tuya. Rodéalas de Luz y deja que se vayan.

Ya no las necesitas.

El hecho de renunciar a todo esto te proporcionará incontables dones, tanto a ti mismo como a las personas con quienes entres en contacto.

---

[7] *N. del T.: Juego de palabras en inglés: Give up (renunciar) y give (dar) up (hacia arriba).*

SAN FRANCISCO DE ASÍS, UNA VIDA EJEMPLAR

Sirviendo con buena voluntad, como al Señor y no a los hombres, sabiendo que el bien que cada uno haga lo recompensará el Señor, sea siervo o sea libre.

EFESIOS 6:7-8

Lo hermoso de San Francisco de Asís es que vio al Señor de muchas maneras y en incontables formas. Es muy fácil ver a Dios cuando las cosas marchan bien y nos sentimos agradados, cuando el tiempo está tibio y existe la solidaridad fraterna. Pero se necesita muchísimo más valor para poder ver ese mismo rostro de Dios cuando hace frío, cuando sentimos hambre, cuando tenemos problemas con nuestra pareja, cuando tenemos ansiedad y preocupación por la gente que está muriendo, cuando hay hambre en el mundo.

Un buen ejemplo nos proporcionan nuestro hermano Francisco y nuestra hermana Clara, quienes se jugaron por entero mucho tiempo atrás, en épocas aún más difíciles que las actuales. No dijeron ni opinaron nada. Simplemente buscaron al Señor adentro, en ese lugar sagrado que todos conocemos, y preguntaron: "Señor, ¿qué quieres que yo haga?". Y al preguntar así, a menudo el Señor les señaló el paso siguiente, y yo hasta podría apostar que, a veces, el Señor incluso les dio un pequeño empujoncito.

Algo que parece ser una constante en la labor de San Francisco es la presencia de uno de los más importantes mandamientos: "Ámense los unos a los otros". Todos ustedes, los que leen este libro, son personas amorosas y caritativas de seguro, o de lo contrario no se sentirían atraídos hacia un libro sobre el servicio. Pero esas cualidades son huidizas. Por lo general, el glamour del mundo y las distracciones de la personalidad suelen distanciarnos de ese lugar interno en donde habita el Señor, y de ese reino del cual somos herederos, y en donde compartiremos con el Hermano Francisco, la Hermana Clara, y con todos los demás santos—conocidos y desconocidos—y viviremos con el Cristo, el Señor viviente. Por lo tanto, tenemos una tarea bien hermosa por delante, que consiste en colocar en nosotros el recuerdo de esos momentos de comunión, en donde se produce la más sagrada de las comuniones. Comunión en que le decimos a Dios, le decimos al Señor, a los santos, a nuestros padres fallecidos, que dentro de nosotros existe un santuario para las cosas superiores, para las cosas maravillosas, y que nosotros nos encargaremos de mantener ese lugar constantemente puro. Extirparemos de allí todos los 'hijos de las tinieblas', que son esos hábitos de nuestra personalidad que ya no nos sirven. Nos depuraremos de toda materialidad excesiva para quedarnos únicamente con aquello que podamos usar y siempre que su uso esté al servicio de los demás. Y si no es de utilidad para otros, la posibilidad de utilizarse debe transferirse. Así nos liberaremos de los apegos a este mundo que nos impiden alimentarnos y beber del amor y de la Luz, y especialmente del Sonido, la palabra no expresada de Dios.

San Francisco está vivo en nuestros corazones y en nuestro Espíritu, y si ponemos atención a la canción *"Hermano Sol, Hermana Luna"*, veremos que ella no excluye a nadie. Se incluye absolutamente todo lo de este mundo, porque todo es obra del Señor. Conserva esto en tu memoria, para que puedas recurrir a ello, aunque sea tan sólo por un segundo, diariamente. Saldrás refrescado y tu fuerza para amarte a ti mismo y amar a los demás se incrementará. La Madre Teresa me dijo una vez: "Me lo hiciste a mí". Es importante recordar eso.

Coloca la Luz de Dios muy alto en tus ideales, pero no demasiado para que no la confundas o diluyas. Pero lo suficientemente arriba como para que, cuando tengas que tomar alguna decisión en este mundo, puedas recurrir a esa Luz ideal y contemplar este mundo con la compasión que necesita. Y entonces preguntarle al Señor: "¿Qué quieres que yo haga por Ti?". Ese "por Ti" significa "por todas las personas", y, luego, escuchar la respuesta del Señor. Puede que te hable, puede que Lo sientas o que Lo percibas, o puede que emerjas de tus oraciones lleno de ganas de emprender algo nuevo, inspirado por esa esencia del amor que sabemos que es Dios.

DIEZMAR Y SEMBRAR

El diezmo y la siembra, llevados a cabo con una actitud de verdadera generosidad, pueden abrir tu Espíritu y generarte paz interior al equilibrar algunos de los bloqueos kármicos que han entorpecido tu camino.

Y si, además de eso, consigues los bienes materiales, te habrás ganado tu pastel y te lo podrás comer, como postre.

El diezmo tiene que ver con colocar a Dios en el primer lugar en tu vida. Ser un donante dichoso es una parte primordial del amar al Señor con tu cuerpo, mente y alma.

Dos aspectos importantes del acto de dar son la siembra y el diezmo.

Una dice: "Por favor", y la otra: "Gracias". Sembrar es plantar una semilla. Diezmar es dar las gracias cuando la cosecha se ha recogido. Diezmo y Siembra son la afirmación que se hace físicamente tanto de abundancia como de gratitud.

Es muy difícil que alguien te distancie de tu Espíritu si practicas la siembra y das el diezmo.

La siembra y el diezmo simbolizan el reconocimiento a la *fuente* de nuestro bien y de nuestra abundancia. La fuente puede estar representada por lo que nosotros escojamos, es decir, cualquier organización o persona que encarne el bien mayor que conozcamos. El reconocimiento se hace con *dinero*.

¿Con dinero? Sí, con dinero. Dar nuestro dinero demuestra que realmente estamos *hablando en serio*. Sólo que, *¿a quién* le demuestra que estamos hablando en serio? ¡Vaya! A nosotros mismos, por supuesto. Y también a nuestra zona de confort, porque hay pocas cosas a las que la zona de confort no esté tan apegada como a los pasadores de tu billetera. Si eres capaz de dar dinero en cantidades fijas y a intervalos regulares, estarás bien encaminado para lograr el dominio de tu zona de confort, y tu generosidad se habrá profundizado.

Sembrar es dar dinero por algo, antes de haberlo conseguido. Como su nombre lo indica, se trata de plantar una semilla. ¿Qué precio tendría para ti, en términos de dinero en efectivo, que tu servicio en un área determinada tuviera éxito? Debes sembrar entre uno y diez por ciento de dicha cantidad. ¿Cómo se lleva a cabo una siembra? Debes entregar un cheque a la organización o persona que represente, de acuerdo con tu criterio, el poder más elevado a favor del bien, y lo sueltas.

No le reveles a *nadie* el objeto de tu siembra sino hasta *después* de haberlo obtenido.

Dar el diezmo es entregar el diez por ciento de tu ingreso material. Si tú ganas $1.000, debes das $100. Si alguien te regala algo que vale $1.000, tú das $100 (en dinero efectivo, o con un objeto de valor).

¿Cuál es el sentido de esto? Al diezmar te haces a ti mismo una declaración de abundancia. Afirmas: "Gracias; tengo más de lo que necesito". El dar el diez por ciento de tus ganancias de manera regular indica—por medio de una acción—que utilizas de manera responsable la energía. Según parece, se les da cada vez menos a aquellos que desperdician la energía. Y a aquellos que hacen buen uso de ella, se les da cada vez más. Dar el diezmo demuestra que eres un buen administrador de los recursos.

Sembrar y diezmar en forma sistemática y en cantidades preestablecidas mantiene tu abundancia en movimiento. De esa abundancia y de esa sobreproducción puedes aumentar el monto que siembras y diezmas. Para poder dar, sin embargo, tu abundancia debe fluir, y hemos descubierto que la mejor forma de lograr que la abundancia fluya es mediante la siembra y el diezmo.

¿A quien le entregas tu dinero? A la fuente de tus enseñanzas espirituales. Si no tienes una filiación espiritual o religiosa (tradicionalmente depositaria de la siembra y el diezmo), puedes darlo a la obra de caridad o a la causa social de tu preferencia.

Cualquier organización o persona cumplen con ese propósito; sólo importa que representen para ti la obra *más grande* y *mejor* que se realice en el mundo.

Una acotación más: si das a regañadientes, se te dará a regañadientes. Si das con alegría, se te dará con alegría.

No obstante, no debes esperar para dar hasta que puedas hacerlo con alegría. Comienza poco a poco, diezmando un medio por ciento. Al menos, ¡entra en el juego!

EL SERVICIO EN HOSPITALES

Si tratamos a la gente como si fueran lo que deberían ser, les ayudamos a convertirse en lo que pueden llegar a ser.

GOETHE

Ámate a ti mismo primero y después ama a tu prójimo como a ti mismo. Por lo tanto, el amor comienza dentro de ti. Llénate con él y luego deja que lo que desborde vaya a tu prójimo. De esa manera, siempre estarás en condiciones de servir. No es un ritual, es un campo energético. Y, a menudo, es necesario que ofrezcamos nuestros cuerpos como conductores de la energía.

A veces, lo único que hace falta es que estés presente físicamente. Lo qué va a ocurrir, ya se está desarrollando. Cuando sirvas en un hospital no es extraño que sientas una energía negativa en ese lugar. En los hospitales abunda la energía sanadora, pero también hay energía ectoplásmica (ver Glosario) en grandes cantidades, y ella afecta negativamente a las personas sin que lo noten.

Tu presencia allí, aplicando la Luz para el bien mayor, comenzará a disolver la negatividad. Tal vez sólo sea necesaria una visita, o puede que se necesite un centenar de ellas.

Los hospitales pueden ser muy negativos. Se supone que son templos de sanación, pero, a menudo, son sólo una parada en los "pits" camino a la tumba. Allí impera una energía de muerte y miedo, y mucha gente se enferma por ir a los hospitales. De hecho, con todos los beneficios que conlleva estar en un hospital, se han convertido en una de las causas principales de muerte en los Estados Unidos.

Las autoridades de la salud tratan de esterilizarlos, pero no comprenden que muchas de las enfermedades entran en un campo energético. Lo bueno de esto es que también pueden salir en un campo energético.

No es raro que, después de haber servido en un hospital, salgas impregnado de mucha energía de este tipo. Cuando hayas concluido tu servicio, báñate o dúchate tan pronto puedas. Además, si es posible, cámbiate de ropa cuando dejes el lugar. Vístete con ropa que sólo uses para hacer servicio en el hospital y hazla lavar con frecuencia.

Nota: Consultar también "Técnica de Despeje" en el Glosario.

ESTAMOS AQUI PARA SERVIRNOS UNOS A OTROS

No sin la mano del hombre, Dios concede la habilidad; Él no podría hacer un violín Stradivarius sin las manos de Antonio Stradivarius.

GEORGE ELLIOT

Todos deberían estar dispuestos a hacer sacrificios. ¿Sabes lo que significa sacrificio? La primera parte de la palabra "sacrificio" significa "sagrado". Desde esa perspectiva, hacer sacrificios no debería producir sufrimiento.

El sacrificio conduce a lo sagrado, a la paz, a la calma y a la verdadera voluntad de dar a los demás. De hecho, nosotros sacrificamos nuestro tiempo y se lo damos a los demás. Eso es servicio.

Estamos aquí para servirnos unos a otros.

Cuando nos casamos, a menudo terminamos sirviendo a esa única persona, pero hagámoslo por entero y con una conciencia de amor. El mismo principio se aplica cuando uno constituye una familia y la sirve. Ordena tus prioridades correctamente. El lugar más alto en la lista de nuestras prioridades lo ocupa la vida humana.

Tenemos que confiar en que todo va a salir bien. No debemos cerrar los ojos; no cometamos la estupidez de decir: "Se lo dejo a la Luz". Nosotros somos la Luz. Debemos seguir atentos y, cuando veamos que algo ha dejado de funcionar, debemos hacer algo al respecto. Por lo tanto, tenemos que conectarnos con ese lugar interno que va más allá de la sensación de "yo no soy capaz de servir". Yo no sé a qué te refieres cuando sientes que no eres capaz de hacer nada, porque siempre hay algo que cualquiera podría hacer.

UNA ORACIÓN PARA SERVIR

Vamos a orar todos juntos:

" *Dios mío, Señor de la Creación, una vez más estamos aquí en humilde espera. Como siempre, con apertura, rezando, buscando, esperando Tu respuesta, preguntando por el paso siguiente, deseando poseer ese sentido de servicio que es tan Tuyo.*

Allí encuentro mi mayor felicidad y alegría.

Allí encuentro el llamado más profundo de mi corazón.

Allí estoy dispuesto a sacrificar el mundo.

Porque así es como me encuentro a mi mismo, porque no pertenece al mundo.

Es Tuyo. Y es a Ti a quien busco, una y otra vez. Y algún día, con toda seguridad Te encontraré, y descubriremos que esa unidad ha sido siempre el Bienamado.

Sólo ruego estar siempre a Tú disposición, porque sé que Tú siempre has estado a mi disposición.

Mantén mi corazón abierto y mi mirada firme, y mi mente puesta en esto que he elegido para llegar a Ti.

Permite que todo lo que me distrae sea apartado de mí, y llevado hacia aquellos que tienen que aprender de eso. Pero mantenme en Tu corazón de corazones. Y permíteme estar en el corazón de mis semejantes, y que en el espacio en donde yo cohabito con ellos, ellos encuentren consuelo y yo no sea un obstáculo en su camino. Para que me miren con alegría y sientan gusto al decir: "Es mi amigo". Ésta, entonces, es la manera en que trabajan las fuerzas cósmicas del amor y de la Luz.

Amén, Señor ".

Si quieres que se convierta en tu propia oración, sólo di silenciosamente: "Amén".

Si no te gusta el nivel en que te encuentras,
muévete a otro más alto.
Se puede acceder al nivel superior
a través de la meditación,
a través de los ejercicios espirituales.
Y puede alcanzarse, sin lugar a
dudas, a través del servicio.

JOHN-ROGER

GLOSARIO

BIENAMADO: *El alma; el Dios interno.*

COLUMNAS DE LUZ: *Podemos pedir y visualizar una columna de Luz que descienda desde el cielo, que pase a través de nosotros y baje hasta el centro de la tierra. Digamos, además, que todos deberíamos ser, antes que nada, columnas de Luz. A nivel físico, mental, emocional y espiritual deberíamos ser una columna de Luz. De esa manera, a donde sea que vayamos, en donde sea que nos sentemos, dondequiera que hablemos, dejaremos una columna de nuestro ser de Luz colocada en ese lugar.*

EJERCICIOS ESPIRITUALES (E.E.'S): *Técnica activa que permite eludir la mente y las emociones, usando un tono espiritual para conectarse con la Corriente del Sonido. Apoyan a las personas a abrirse paso a través de las ilusiones de los niveles inferiores para, finalmente, acceder a la conciencia del Alma.*

ENERGÍA ECTOPLÁSMICA: *Campo de energía que puede acumularse con el paso del tiempo e invadir un ambiente físico, ya sean paredes, muebles, alfombras, cortinajes, etc. Puede tener carácter positivo o negativo, y relacionarse con eventos y experiencias que hayan sucedido en dicho ambiente en un período determinado.*

LUZ: *Energía del Espíritu que impregna todos los reinos de la existencia. También se refiere a la Luz del Espíritu Santo.*

SONIDO DE DIOS O CORRIENTE DEL SONIDO: *Energía audible que fluye de Dios y atraviesa todos los planos. Energía espiritual por medio de la cual una persona regresa al corazón de Dios.*

TÉCNICA DE DESPEJE: *Lo primero que debe hacerse es pedirles a la Luz y al Viajero que te ayuden a liberar cualquier cosa que no sea para tu mayor bien. Además, la siguiente técnica de despeje se puede usar en general para despejarse uno mismo de personas, lugares, cosas, etc. La técnica consiste en poner la palma de la mano sobre la frente y, diciendo el nombre de la persona (o de lo que sea, llamémoslo*

*"X"), agregar: "Cualquier cosa de "X" o a través de "X",
despejar, desenganchar, desconectar". (Puedes usar cualquier
verbo que para ti exprese lo que te gustaría que sucediese,
como por ejemplo, "eliminar", etc.). A continuación, con
la mano aún sobre la frente, se pide que esto se realice por
intermedio del Viajero, del Cristo y del Espíritu Santo, para
los más altos fines, y manteniendo la intención de que se
despeje completamente.*

VIAJERO O VIAJERO MÍSTICO: *El Viajero Místico es una
conciencia que existe a través de todos los niveles de la
creación de Dios. Existe en el interior de todas las personas
y actúa de guía para alcanzar los niveles superiores del
Espíritu, la realidad mayor de Dios.*

RECURSOS Y MATERIALES ADICIONALES DE ESTUDIO POR JOHN-ROGER, D.C.E.

Los siguientes libros y materiales pueden servirte de apoyo para aprender con mayor profundidad sobre las ideas presentadas en este libro. Si deseas adquirirlos, ponte en contacto con el MSIA llamando al 1-800-899-2665 (EE.UU.) o envía un correo eletrónico a pedidos@msia.org. Puedes visitar también nuestra Tienda En Línea en www.msia.org.

PERDONAR: LA LLAVE DEL REINO
El perdón es el factor clave en la liberación personal y el progreso espiritual. Este libro ofrece profundas comprensiones acerca del perdón, la alegría y la libertad que se alcanzan cuando se lo practica. La tarea de Dios es el perdón. Este libro nos anima a llevarlo a la práctica, y nos entrega herramientas para que su ejercicio se convierta también en nuestra tarea.

**MOMENTUM: DEJAR QUE EL AMOR GUÍE—
PRÁCTICAS SIMPLES PARA LA VIDA ESPIRITUAL**
(con Paul Kaye, D.C.E)
Por mucho que queramos tener resueltas las áreas importantes de nuestra vida (relaciones, salud, finanzas y profesión) y que se armonicen entre sí, en la mayoría de nosotros siempre hay algo fuera de equilibrio, lo que suele ocasionarnos estrés y angustia. En lugar de resistirnos a ese estado o de lamentarnos por encontrarnos en él, este libro nos demuestra que el desequilibrio contiene sabiduría en sí mismo. Donde hay desequilibrio, hay movimiento, y ese movimiento "crea una vida dinámica e interesante, llena de oportunidades de aprendizaje, creatividad y crecimiento".

Se puede comprobar que en aquellas áreas en que experimentamos la mayor parte de nuestros problemas y desafíos es donde también se produce el mayor movimiento y donde existen las mayores oportunidades de cambio.

Este libro afirma que no hay que hacer esfuerzos para que la vida funcione porque la vida ya funciona. La clave fundamental es llenarla de amor. Este libro trata sobre cómo ser amorosos en el momento presente. Es un curso sobre el amor.

**EL DESCANSO PLENO ENCONTRANDO
REPOSO EN EL BIENAMADO**
(con Paul Kaye, D.C.E)

¿Qué sucedería si descubrieras que el descanso no es tanto una actividad como una actitud, y que puedes disfrutar de todos los beneficios internos y externos que aporta el descanso en tu vida cotidiana, sin importar lo ocupado que estés? He aquí las buenas noticias: eso es verdad y de hecho factible. Si alguna vez has pensado que un buen descanso te vendría bien, este libro es ideal para ti. Ahora mismo, y para el resto de tu vida.

**¿CUÁNDO REGRESAS A CASA? UNA GUÍA PERSONAL
PARA LA TRASCENDENCIA DEL ALMA**
(con Pauli Sanderson, D.C.E)

Relato profundo sobre el despertar espiritual, que contiene todos los ingredientes de una narrativa de aventuras. ¿Cómo adquirió John-Roger la conciencia de quien verdaderamente es él? John-Roger encara la vida como un científico en un laboratorio, descubriendo maneras de integrar lo sagrado con lo mundano, lo práctico con lo místico, y explicando lo que funciona y lo que no lo hace. Junto con relatos fascinantes, en este libro encontrarás muchas claves prácticas que te ayudarán a mejorar el funcionamiento de tu vida, a sintonizarte con la fuente de sabiduría que está presente en ti todo el tiempo, y a conseguir que cada día te impulse con mayor fuerza en tu emocionante aventura de regreso a casa.

**¿CÓMO SE SIENTE SER TÚ?
VIVIR LA VIDA COMO TU SER VERDADERO**
(con Paul Kaye, D.C.E)

"¿Qué pasaría si dejaras de hacer lo que piensas que deberías estar haciendo y comenzaras a ser quien eres?". Continuación del libro previo, "Momentum: Dejar que el Amor Guíe", este libro ofrece ejercicios, meditaciones y explicaciones que te permitirán profundizar y explorar tu verdadera identidad. Viene con un CD inédito: "Meditación para el Alineamiento con el Verdadero Ser".

**EL GUERRERO ESPIRITUAL:
EL ARTE DE VIVIR CON ESPIRITUALIDAD**
Lleno de sabiduría, humor, sentido común y herramientas prácticas para la vida espiritual, este libro ofrece consejos útiles para tomar nuestra vida en nuestras manos y crear mayor salud, felicidad, abundancia y amor en ella. Convertirse en un guerrero espiritual no tiene nada que ver con la violencia. Hacerlo implica usar las cualidades positivas del guerrero espiritual: intención, implacabilidad e impecabilidad para contrarrestar los hábitos negativos y las relaciones destructivas, especialmente cuando uno se enfrenta a adversidades mayores.

EL TAO DEL ESPÍRITU
Colección de escritos diseñada con hermosura, este libro tiene un objetivo: liberarte de las distracciones del mundo exterior y guiarte de regreso hacia la quietud en ti. "El Tao del Espíritu" puede brindarte frases de inspiración diaria y proporcionarte una manera nueva de manejar el estrés y la frustración. ¡Qué maravillosa manera de empezar o terminar el día!: recordando dejar ir los problemas cotidianos y siendo revitalizado en la fuente misma del centro de tu existencia. Muchas personas utilizan este libro cuando se preparan para meditar u orar.

MUNDOS INTERNOS DE LA MEDITACIÓN
En esta guía de autoayuda para la meditación, las prácticas de meditación se transforman en recursos valiosos y prácticos para explorar los reinos espirituales y enfrentar la vida cotidiana con mayor efectividad. Se incluye una variedad de meditaciones que sirven para expandir la conciencia espiritual, lograr una mayor relajación, equilibrar las emociones e incrementar la energía física.

AMANDO CADA DÍA PARA LOS QUE HACEN LA PAZ
¿Lograr la paz? ¡Qué idea tan noble y a la vez tan difícil de alcanzar! La paz entre las naciones se construye sobre la base de la paz entre las personas, y la paz entre las personas depende de la paz en cada persona. Haciendo de la paz algo más que una simple teoría o idea, "Amando Cada Día para los que Hacen la Paz" guía a sus lectores para que lleguen a sus propias soluciones y puedan experimentar la paz.

PROTECCIÓN PSÍQUICA

En este libro, John-Roger describe algunos de los niveles invisibles: el poder de los pensamientos, el inconsciente, las energías elementales y la magia. Y más importante que eso, explica cómo protegerse a uno mismo de la negatividad que puede ser parte de esos niveles. Poniendo en práctica las técnicas simples propuestas en este libro, podrás crear una sensación de bienestar profundo dentro de ti y en tu entorno.

SABIDURÍA SIN TIEMPO

Este libro habla de verdades imperecederas, como por ejemplo, que todas las cosas provienen de Dios. Nos dice: "El mensaje de Dios es uno sólo, a pesar de haber sido dicho y expresado de muchas maneras". Ese mensaje único explica que todo lo existente proviene de Dios, que todo existe porque Dios existe.

Saberlo aumenta nuestra sensación de confianza: Dios es multidimensional, está en todas partes, en todas las cosas y en todos los niveles de conciencia. Entonces, lo que parece ser negativo es simplemente un mecanismo que nos sirve para aprender y no un castigo. Jesús dijo: "Cuando se lo hacéis al más insignificante de mis hermanos, me lo hacéis a mí"; (Mateo 25:40).

EL SEXO, EL ESPÍRITU Y TÚ

El título de por sí resulta irresistible. En el mercado no existe ningún otro libro que integre conceptos tales como "sexualidad" y "espiritualidad" de una manera tan natural como lo hace John-Roger.

LA FUENTE DE TU PODER

Los medios para crear todo lo que quieres están a tu alcance, ya que tus mayores recursos y herramientas están en tu interior. Descubre la manera de utilizar positivamente tu mente y el poder que tienen la mente consciente, subconsciente e inconsciente. Dado que todo proviene de Dios, cuando estamos predispuestos contra alguien, estamos predispuestos contra el despertar de nuestra propia conciencia del amor.

DISERTACIONES DEL CONOCIMIENTO DEL ALMA— UN CURSO SOBRE LA TRASCENDENCIA DEL ALMA

Las Disertaciones del Conocimiento del Alma tienen como propósito enseñar la Trascendencia del Alma, que es tomar conciencia de que somos un Alma y uno en Dios, no en teoría sino como una realidad viviente. Están dirigidas a personas que necesitan un enfoque consistente para su desarrollo espiritual, y que perdure en el tiempo.

Las Disertaciones del Conocimiento del Alma son un conjunto de doce cuadernillos, que se estudian y contemplan de a uno por mes. A medida que vas leyendo cada una de las Disertaciones, la conciencia de tu esencia divina puede activarse, profundizando tu relación con Dios.

Espirituales en esencia, las Disertaciones son compatibles con cualquier creencia religiosa. De hecho, la mayoría de sus lectores consideran que las Disertaciones apoyan su experiencia del sendero, filosofía o religión que hayan elegido seguir. En palabras simples, las Disertaciones tratan sobre verdades eternas y hablan de la sabiduría del corazón.

El primer año de Disertaciones aborda temas que van desde la creación del éxito en el mundo hasta el trabajo de la mano con el Espíritu.

El juego de doce Disertaciones para un año tiene un valor de US$100 (cien dólares). El MSIA está ofreciendo el primer año de Disertaciones a un precio de introducción de US$50 (cincuenta dólares). Las Disertaciones vienen con una garantía de devolución de dinero sin cuestionamientos. Si en algún momento decides que estos estudios no son para ti, simplemente las devuelves y recibirás el reembolso completo de tu dinero, al poco tiempo.

Para ordenar las Disertaciones, ponte en contacto con el Movimiento del Sendero Interno del Alma, llamando al 1(800)899-2665 (EE.UU.). También puedes enviar un correo electrónico a pedidos@msia.org o visitar nuestra Tienda en Línea en nuestro sitio web www.msia.org.

MATERIAL EN AUDIO

LA MEDITACIÓN DE LUXOR
Esta meditación fue grabada en el antiguo Templo de Luxor (Egipto). Tiene como propósito expandir tu conciencia hacia las dimensiones espirituales internas. Deja que las vibraciones sagradas resuenen dentro de ti para que creen equilibrio, sanación, armonía y paz.

NUESTRA CANCIÓN DE AMOR Y EL CÁNTICO DEL ANAI-JIÚ
Este CD te ayudará a familiarizarte con un mantra del nombre de Dios, precedido de una plegaria de John-Roger, llamada "Nuestra Canción de Amor". Contiene, además, el cántico del Anai-Jiú, entonado por estudiantes del MSIA.

LA MEDITACIÓN DEL EQUILIBRIO CORPORAL
Éste es el único cuerpo que tendrás en esta vida. A través del proceso de reprogramación que se ofrece aquí, puedes alcanzar un peso equilibrado y lograr buena salud en todos los niveles.

LA MEDITACIÓN DE LA ABUNDANCIA
Practiquemos la abundancia de Dios. John-Roger nos explica de qué manera podemos crear una actitud de abundancia y éxito en nuestra conciencia, superando aquella de carencia y de fracaso.

LOS MUNDOS INTERNOS DE LA MEDITACIÓN
Discos 1, 2 y 3
Meditaciones guiadas por los Viajeros, cuyo objetivo es alcanzar una paz más profunda y un bienestar mayor, expandiendo nuestra conciencia espiritual.

Para contactarte con
el Movimiento del Sendero Interno del Alma:
MSIA
3500 West Adams Blvd., Los Angeles, CA 90018 EE.UU.
Teléfono: (323) 737-4055 (EE.UU.)
pedidos@msia.org
www.msia.org

SOBRE LOS AUTORES

John-Roger, D.C.E. ([8])

Maestro y conferencista de talla internacional, John-Roger es una inspiración en la vida de muchas personas alrededor del mundo. Durante más de cuatro décadas, su sabiduría, humor, sentido común y amor han ayudado a cientos de personas a descubrir el Espíritu en ellas mismas, y a encontrar salud, paz y prosperidad en sus vidas.

Con dos libros escritos en colaboración, que alcanzaron el primer lugar en la lista de libros más vendidos del New York Times, y con más de tres decenas de libros de espiritualidad y auto-superación, John-Roger ofrece un conocimiento extraordinario en una amplia gama de temas. Fundador del Movimiento del Sendero Interno del Alma (MSIA), movimiento que se enfoca en la Trascendencia del Alma, es también fundador y Canciller de la Universidad de Santa Monica, fundador y Presidente del Peace Theological Seminary and College of Philosophy, fundador y presidente de los Seminarios Insight y fundador y Presidente del Instituto por la Paz Individual y Mundial (IIWP).

John-Roger ha dado más de seis mil conferencias y seminarios en todo el mundo, muchos de los cuales se transmiten a nivel nacional en los Estados Unidos, en su programa de televisión por cable, *"That Which Is"*, a través de Network of Wisdoms. Ha aparecido en numerosos programas de radio y televisión y ha sido invitado estelar en el programa *"Larry King Live"*.

Educador y ministro de profesión, John-Roger continúa transformando vidas y educando a las personas en la sabiduría del corazón espiritual.

Para más información sobre John-Roger, visita el sitio web www.john-roger.org

---

[8] *Doctor en Ciencia Espiritual, programa de postgrado ofrecido por el Peace Theological Seminary and College of Philosophy, www.pts.org.*

Paul Kaye, D.C.E.

Paul Kaye ha consagrado su vida al estudio del pensamiento y de las prácticas espirituales, desde su juventud en el Reino Unido. Su espíritu investigativo lo ha llevado a través del Yoga, el Zen y las bases espirituales del movimiento y de las artes marciales.

Los intereses de Paul incluyen la filosofía de poetas, entre los que se cuentan Lao Tsé, Rumi y Kabir, así como las enseñanzas esotéricas de Jesucristo. Paul ha creado talleres para la aplicación práctica de los principios espirituales, dictándolos a través de todo el mundo. Su presencia es única y notable, ya que en todo lo que él hace abunda la alegría. Sus presentaciones son profundamente movilizadoras, prácticas y están llenas de un maravilloso sentido del humor y de sabiduría.

Por más de 35 años, Paul Kaye ha estudiado con el renombrado educador y autor John-Roger, y es presidente de la Iglesia del Movimiento del Sendero Interno del Alma (MSIA), una iglesia ecuménica, que no sigue ninguna doctrina religiosa en particular. Paul es ministro ordenado y tiene un Doctorado en Ciencia Espiritual.

AGRADECIMIENTOS

Hacemos llegar nuestros agradecimientos a las siguientes personas, sin cuya dedicación y amor no habríamos podido sacar adelante este libro: Barbara Wieland, por su valiosa ayuda en la investigación de la Biblioteca y Archivos de John-Roger; Vincent Dupont, cuyo apoyo y guía nos permitió terminar este libro; Stephen Keel, cuyo talento significó un gran aporte para nosotros; Nancy O'Leary, quien entregó amorosamente su tiempo libre para editar este libro, y por último, Virginia Rose, por su paciencia en la corrección del texto.

Para entrevistas y conferencias con los autores,
ponerse en contacto con Angel Harper en:
Mandeville Press
3500 West Adams Blvd.
Los Angeles, CA 90018 EE.UU.
323-737-4055 x155
angel@mandevillepress.org

Envía tus comentarios o sugerencias a:

Mandeville Press

P.O. Box 513935
Los Angeles, CA 90051-1935 EE.UU.
323-737-4055
jrbooks@**mandeville**press.org
www.**mandeville**press.org

www.ingramcontent.com/pod-product-compliance
Lightning Source LLC
LaVergne TN
LVHW050624090426
835512LV00007B/660